Michael Sack

Embargorecht I

Ein Überblick betroffener Rechtsgebiete

D1717419

Diplomica® Verlag GmbH

Sack, Michael: Embargorecht I: Ein Überblick betroffener Rechtsgebiete, Hamburg, Diplomica Verlag GmbH 2011

ISBN: 978-3-8428-6339-2
Druck: Diplomica® Verlag GmbH, Hamburg, 2011

Bibliografische Information der Deutschen Nationalbibliothek:
Die Deutsche Nationalbibliothek verzeichnet diese Publikation in der Deutschen Nationalbibliografie; detaillierte bibliografische Daten sind im Internet über http://dnb.d-nb.de abrufbar.

Die digitale Ausgabe (eBook-Ausgabe) dieses Titels trägt die ISBN 978-3-8428-1339-7 und kann über den Handel oder den Verlag bezogen werden.

Vorwort

Der Außenhandel ist ein wesentlicher Bestandteil industrieller Weltpolitik.

Mit Beginn des zweiten Jahrtausends stieg der internationale Handel exorbitant an. Betriebswirtschaftliche Aspekte der Unternehmen, Erschließung neuer Märkte, Optimierung betrieblicher Strukturen, Einführung neuer Techniken oder aber auch nur die sich durch die "Weltneuordnung" ergebende veränderte reale Leistungsfähigkeit tragen hierzu bei.

Dieses Inkrement birgt jedoch auch die Gefahren wirtschaftlicher Unabhängigkeit und Anfälligkeit der Ökonomien in sich.

Die Dominanz einzelner Länder und Gemeinschaften in diesem System lässt die *Fairness* internationaler Handelspolitik in einem anderen Licht erscheinen. Nicht zuletzt durch die hiermit verbundene Einflussnahme auf das bestehende politische System des Handelspartners.

Embargos und Sanktionen sind solche Einflussgrößen und auch wirksame Mittel der Interessenwahrung.

Das vorliegende Werk zeigt auf, welchen Einfluss solche Mittel auf die Handlungsfreiheit des Betroffenen und dem mit ihm in Verbindung Stehenden haben und unternimmt zugleich eine analytische Gesamtdarstellung betroffener Rechtsgebiete bei der Leistungserbringung unter Embargo im Luftverkehr. Es verdichtet dabei eine Fülle von Informationen auf ein Wesentliches und überzeugt zugleich durch eine verständliche Sprache. Abkürzungen wurden weitestgehend vermieden.

Das Werk richtet sich daher nicht nur an Juristen, sondern auch an international tätige Einkäufer, Handelsvertreter und Unternehmer und besonders an Alle die dem Luftverkehr zugeneigt sind.

Das Handbuch wurde aus vielen Quellen gespeist. Insbesondere verarbeitet wurden hierin Literatur und Rechtsprechung bis Mitte 2009.

Bemerkungen und Anregungen zu diesem Buch nehme ich gerne dankend entgegen.

Der Gedanke und Grundstein dieses Handbuchs entstand während meiner Aufenthaltszeit und Tätigkeit als Wirtschaftsjurist in Bulgarien. Die täglichen, mir zur Bearbeitung übertragenen Belange haben mich veranlasst mein Wissen in den folgenden Seiten darzulegen, aber auch Fragen darüber zu stellen, ob das internationale Sanktionsrecht frei von wirksamen Rechtsmitteln sein soll oder sein muss.

Bayreuth, im Sommer 2011   Michael Sack

Meiner Familie

INHALTSVERZEICHNIS

0.   Abkürzungsverzeichnis

Abl.	Amtsblatt der Europäischen Union, Nr. L und C[1]
Abs.	Absatz
abgedr.	abgedruckt
Abschn.	Abschnitt
äqu.	äquivalent
AktG	Aktiengesetz
ArbSchG	Gesetz zum Schutz der Arbeitnehmer[2]
Art.	Artikel
AUA	Austrian Airlines[3]
AufenthG	Aufenthaltsgesetz
BafA	Bundesamt für Ausfuhrkontrolle[4]
BGB	Bürgerliches Gesetzbuch
BGH	Bundesgerichtshof
BGBl.	Bundesgesetzblatt
Bst.	Buchstabe
BVerwG	Bundesverwaltungsgericht
BVerfG	Bundesverfassungsgericht
bzw.	beziehungsweise
CC	Chicago Convention[5]
con.	connexa
DE	Deutschland
d.h.	das heißt
DLRL	Dienstleistungsrichtlinie, europäische[6]
d. V.	der Vereinbarung
EBGBG	Einführungsbuch zum Bürgerlichen Gesetzbuch
etc.	ecetera
evtl.	eventuell
EMRK	Konvention zum Schutze der Menschenrechte und Grundfreiheiten[7]

---

[1]   mit Abdruck im Amtsblatt beginnt die Frist für die Umsetzung oder das Inkrafttreten
[2]   Arbeitsschutzgesetz vom 07. August 1996 (BGBl.I 1246)
[3]   österreichische LuftverkehrsAG mit Sitz in Wien
[4]   Behörde des Bundes für die Überwachung des Außenhandels
[5]   Abkommen über die Internationale Zivilluftfahrt vom 7.Dezember 1944, BGBl.1956 II S. 411
[6]   RL 2006/123/EG vom 12.Dezember 2006, Abl. 2006 Nr. L 376 S. 36
[7]   auch europäische Menschenrechtskonvention, am 04.11.1950 in Rom unterzeichnet und am 03.09.1953 durch 10 Staaten ratifiziert

EG	Europäische Gemeinschaft[8]
EGV	Vertrag zur Gründung der Europäischen Gemeinschaft[9]
EU	Europäische Union[10]
EuG	europäisches Gericht erster Instanz[11]
EuGH	europäischer Gerichtshof[12]
EUV	Vertrag über die Europäische Union
EWG	Europäische Wirtschaftsgemeinschaft[13]
FL	Fluglinie[14]
ff.	fortfolgende
GASP	gemeinsame Außen-und Sicherheitspolitik der Europäischen Union[15]
GewO	Gewerbeordnung
GmbHG	Gesetz betreffend die Gesellschaft mit beschränkter Haftung
HGB	Handelsgesetzbuch
Hs.	Halbsatz
IAEA	International Atomic Energy Association, Int. Atom-Energie Behörde[16]
IAS	International Accounting Standard
ICAO	International Civil Aviation Organisation, Organisation der I Internationalen Zivilluftfahrt[17]
i.R.	im Rahmen
i.d.R.	In der Regel
IPbürgR	Internationaler Pakt über bürgerliche und politische Rechte[18]
i.S.	Im Sinne
i.V.	In Verbindung
Kap.	Kapitel
KGaA	Kommanditgesellschaft auf Aktien
LfG	Luftfahrtgesetz
Nr.	Nummer
Par.	Paragraph
Pkt.	Punkt, in Verbindung mit einer Aufführung in einer Norm

---

[8] supranationale Organisation, auf 3 Säulen Modell aufbauend, entstanden aus EWG
[9] Vertrag vom 25.März 1957, BGBl.II S. 766
[10] Staatenverbund aus derzeit 27 Mitgliedsstaaten
[11] durch Beschluss 88/591/EGKS als Entlastungsorgan des EuGH 1988 geschaffen
[12] Abl. Nr. C 287/47, Abl. Nr. L 98/9
[13] Vorgängergemeinschaft der EG, Änderung n. Art. 8 EUV
[14] Höhenlinie der Flugstrecke
[15] Art. 17 EUV als Rechtsgrundlage der GASP
[16] Sitz in Wien, Unterorganisation der Organisation der Vereinten Nationen, gegründet 1957
[17] www.icao.int
[18] vom 19.Dezember 1966, BGBl.1973 II S. 1534

PSK	Poltisches und Sicherheitspolitisches Komitee[19]
RL	Richtlinie
RL(EG)	Richtlinie der Europäischen Gemeinschaft
S.	Satz
SGB	Sozialgesetzbuch
SGB II	zweites Sozialgesetzbuch
sog.	sogenannte
StGB	Strafgesetzbuch
syn.	synonym
Uabs.	Unterabsatz
Uk	Unterkapitel
UK	United Kingdom
UN	United Nations, die Vereinten Nationen
UNSCR	United Nations Security Council Resolution, Resolution des Sicherheitsrates der Vereinten Nationen[20]
u.a.	unter anderem
u.U	unter Umständen
vgl.	vergleiche
VO	Verordnung
VO(EG)	Verordnung des Rates der Europäischen Union
WVK	United Nations Conference on the Law of Treaties, Wiener Vertragsrechtsübereinkommen[21]
z.B.	zum Beispiel
Ziff.	Ziffer

---

[19] Rechtsgrundlage ach Art. 18 EUV
[20] Kapitel V der UNO-Charta
[21] UN Doc. A/CONF. 39/11/Add.2 New York 1971 S.287 vom 23.Mai 1969, BGBl. 1985 II S.926,

I. Grundlegung

Gegenstand der vorliegenden Untersuchung ist die systematische Darstellung des internationalen Embargorechts. Es soll einen Überblick darüber verschaffen, welche Rechtsnormen im bilateralen Leistungsaustausch berührt werden können, aber auch aufzeigen, dass trotz Embargo weiterhin, -wenn auch in einem anderen Rahmen-, Handels- und Dienstleistungsaustausch möglich sind.

Die Betrachtung des Embargorechts anhand eines Luftverkehrsunternehmens stellt den Ablauf willensbildender Unternehmensführung aufgrund der ''corporation structure'' in einem anderen Rahmen dar.

1. Rahmen der Betrachtung

Eine EU-mitgliedsstaatliche Fluggesellschaft[22] entsendete im Zeitraum Februar bis Juli 2008 Personal und Luftfahrzeuge[23] in das unter Embargo stehende Iran, um dort innerstaatliche Flüge - (in der Personenbeförderung) - auszuführen. Diese Angelegenheit sorgte bei den Beschäftigten der Gesellschaft für Empörung. Medienmäßig wurde nach außen hin nichts bekannt, da zum einen gegen das Land internationale und europäische Sanktionen[24] verhängt worden waren und es im weiteren zum damaligen Zeitpunkt Pläne der Vereinigten Staaten von Amerika[25] gab, Waffengewalt gegen den Staat anzuwenden und man in der Politik so um Ruhe bemüht war.

Hierbei waren die Beschäftigten des Unternehmens nicht nur den erhöhten Gefahren in ihrer Tätigkeit ausgesetzt, vielmehr wurden sie auch anderen Lebensbedingungen und vor allem Traditionen unterworfen[26].

Durch das auf dieses Land wirkende Embargo der internationalen und europäischen Gemeinschaft war es zunächst rechtlich sehr fragwürdig, ob eine solche Leistungserbringung überhaupt möglich ist, und welche sonstigen Gefahren und Voraussetzungen sich für den Leistungserbringer ergeben.

---

[22]   auch Airline genannt, wobei hier nicht der Eindruck erweckt werden soll, das es sich um die näher dargestellte AUA handelt
[23]   hier vielmehr Flugzeuge
[24]   näher hierzu in den folgenden Kapiteln
[25]   ständiges Mitglied des Sicherheitsrates der UN n. Art. 23 Abs. 1 UNO Charta, siehe auch Anhang
[26]   hierzu siehe auch wissenschaftliche Analysen Rommelsbacher

1.1. generelle Darstellung des Leistungsempfangsstaates

1.1.1. geographische Angaben

Dieser islamischer Staat[27], liegt auf dem asiatischen Kontinent[28] und grenzt mit seinem Staatsgebiet an sieben weitere Länder an. Mit einer Fläche von 1,645 Millionen km^2 ist es etwa dreimal so groß wie Frankreich und ist einer der größten Staaten am Persischen Golf. Den Großteil der Landesfläche bildet ein Halbtrockenes Hochland bis etwa 1200m das von Gebirgen umgeben ist[29]. Im Norden hingegen verläuft, parallel zum Tiefland an der Küste des Kaspischen Meeres[30] das Elburs Gebirge[31] mit Höhen bis zu 5700 m. Im Westen und Südwesten des Landes liegt das Sagros-Gebirge[32] mit Höhen bis zu 4300 m. Dieses Gebirge zieht sich weiter in den Südosten.

Der konkrete Einfluss geologischer Beschaffenheit zur Leistungserbringung soll an späterer Stelle diskutiert werden. Hierbei wird noch darauf Bezug genommen, welchen Stellenwert die Luftbeförderung einnimmt.

1.1.2. politische Verhältnisse

Laut Verfassung vom Dezember 1979 (ergänzt durch das Referendum im Juli 1989) ist das Land eine islamische Republik[33], d.h. alle und ausschließlich alle sozialen, wirtschaftlichen und politischen Angelegenheiten müssen im Einklang mit der Ethik[34] des schiitischen Islams[35] stehen und gepflegt werden[36]. Gewisse Bräuche wie z.B. die Kopftuchpflicht[37] der Frauen werden bei Verstößen streng bestraft. Die Gesetzgebung liegt bei der Nationalversammlung[38], ist jedoch abhängig von der Zustimmung eines so genannten Wächterrates, der aus sechs vom Revolutionsführer ernannten islamischen Rechtsgelehrten und aus sechs vom Parlament gewählten Juristen besteht. Alle Gesetze müssen mit dem islamischen Recht, der Scharia, konform sein.

---

[27] hier gemeint die islamische Republik Iran als territorial eigenständige islamische Republik
[28] Asien-aus dem Assyrischen stammend, bedeutet Sonnenaufgang, größter Kontinent der Erde
[29] Gebirge-sich aus einzelnen Bergen ergebende Erhebungen der Erde
[30] größter See der Erde
[31] persisch Alborz
[32] näheres z.B. unter www.enzyklo.de
[33] vgl. www.bmgs.info
[34] Lehre von den Pflichten und des Wollens
[35] im Gegensatz hierzu noch suniitischer Islam
[36] Hinweis auf die Probleme der Kopfbedeckung in der "westlichen " Welt
[37] teilweise als Unterdrückung der Frau gedeutet, siehe hierzu wiss. Analysen Rommelsbachers
[38] vgl.www.bpb.de Bundeszentrale für politische Bildung

Die Bewerber für die Parlamentswahlen sind Einzelkandidaten, da Parteien in der Madschlis[39] nicht zugelassen sind.

Jeder Bewerber wird im Vorfeld einer Rechtsgläubigkeit unterzogen. Den überwiegenden Anteil der Bevölkerung stellen die Perser da, darüberhinaus gibt es verschiedene Minderheiten wie Masandrane, Aserbaidschaner, Kurden, Araber, Luren, Belutschen und Turkmenen sowie Gilainer. Trotzdem sind 90% der Bevölkerung Anhänger des Islam. Hier leben weltweit die meisten schiitischen Muslime.

Das Land hat ein sehr hohes Bevölkerungswachstum, Verhütungsmittel wurden seit der Revolution 1979 abgeschafft, deren Benutzung ist unter Strafe gestellt. Im Bildungssystem des Landes gibt es eine Grundschulpflicht, deren Lehrinhalte jedoch mehr den Islam als weltliche Themen behandeln. Die Alphabetisierung liegt bei 70 Prozent.

1.1.3. ökonomische Betrachtung

Grundlage der Wirtschaft des Landes sind die Erdöl- und Erdgas-Vorkommen, wobei nur ein geringer Teil des Erdöls im eigenen Land weiterverarbeitet wird, der überwiegende Teil wird exportiert. Darüberhinaus exportiert der sanktionierte Staat[40] Textilwaren und die sogenannten Persischen Teppiche. Weitere Wirtschaftszweige sind nur gering ausgeprägt, daher ist es für das Land unablässlich, vor allem Maschinen, Fahrzeuge und elektronische Artikel zu importieren. Einen Großteil des Imports stellen zudem Nahrungsmittel dar.

Aufgrund der geographischen Lage des Landes und den vorherrschenden Klimabedingungen kann eine Produktion im Inland nicht den gesamten Bedarf der Bevölkerung mit Nahrungsmitteln decken.

Die Einfuhr von ernährungswichtigen Gütern stellt daher die Hauptaufgabe zentraler Wirtschaftspolitik für dieses Land dar. Eine Störung eines solchen nationalökonomischen Plangewichts, kann und muss daher enorme Auswirkungen auf die Grundbedürfnisse der Bevölkerung haben.

Gegen diese Grundbedürfniskette gestellte Embargos und Sanktionen dürften daher eine besondere Wirkung entfalten, die nicht zuletzt auch von Unbeteiligten zu tragen ist.

Die besondere Darstellung beider Instrumente liefert uns das folgende Kapitel.

---

[39]   dem uns bekannten Parlament gleichbedeutend
[40]   vgl. UNSCR 1696(2006), 1737(2006), 1747(2007), 1803(2008)

2.   Embargos und Sanktionen

2.1. Maßnahmen der waffenlosen Kriegsführung

Embargos sowie auch Sanktionen sind staatlich angeordnete Zwangsmaßnahmen um ein gewisses Tun und Handeln zu unterbinden bzw. zu fordern. Hierbei ist wichtig, dass dem Initiator auch eine gewisse Kontroll- und Überwachungsfunktion zukommt.

Beide Elemente haben langen geschichtlichen Ursprung, dennoch unterscheiden sie sich in ihrer Wesensform kaum. Gemeinsam ist beiden, dass es Instrumente der friedlichen und waffenlosen Einflussnahme, wenn nicht gar Kriegsführung, sind. Im Übrigen dienen beide Maßnahmen der Durchsetzung von Zielen einzelner Personen, Staaten und Organisationen gegen einen Dritten, auch mehrerer Dritte. Die Ausübung beider Maßnahmen ist in heutiger Zeit nur aufgrund rechtsstaatlicher Normen und unter Berücksichtigung völkerrechtlicher Gesichtspunkte möglich.

2.2.   Betrachtung beider "Instrumente"
2.2.1.   Das Embargo, Definition

Embargos wurden seit vielen Jahrhunderten angewandt. Schon deswegen ist der Ursprung des Wortes`` **embargar**`` in der spanischen Sprache zu finden, und bedeutet soviel wie in "Beschlag nehmen, behindern". Bereits in den Zeiten der Seefahrer und Eroberer[41] nahm man fremde Handelsschiffe in Beschlag[42], um so ein Weiterbetreiben des Handels unter den Bestimmten zu verhindern, man erhoffte sich zudem auch, bestimmte Forderungen effizienter durchsetzen zu können.

Daher ist genauer zutreffend die Bezeichnung Embargo als

a) Beschlagnahme fremder Handelsschiffe durch einen Staat

b) Unterbindung der Güterausfuhr als staatliche Maßnahme zur wirtschaftlichen Druckausübung.

Unter Zugrundelegung zeitgemäßer (Rechts)-Entwicklung dürfte wohl Punkt a) auch auf andere Transportmittel anzuwenden sein, wenngleich dies wohl heute eine eher untypische Maßnahme darstellen würde.

Daher dürfte die *Term Application* in der Gegenwart nur ein reines handelssymptomatisches Indiz sein.

---

[41]   quod die Zeit etwa von 1450 – 1650 n.Chr.
[42]   so Göttert, aus Neues Deutsches Wörterbuch, 2007, S.234

2.2.2. Zielausrichtung heute

Ziel, gleichwohl welche Definition man aus dem oben genannten zugrunde legen wird, ist das Abtrennen oder Abschneiden eines Landes, einer Ländergruppe oder auch bestimmter Personen, natürlicher und juristischer Art, von dringend benötigten Waren, Gütern, Rohstoffen, Produkten und Substanzen im Bereich des Handels (Warenembargo, Rohstoffembargo), des Militärs (Waffenembargo) der allgemeinen diplomatischen Beziehungen (Diplomatieembargo) oder das Abschneiden des Betreffenden vom Warentransport und Postverkehr (sog. Transportembargo)

Die Verhängung zugleich <u>aller</u> hier benannten Formen definiert sich als ein Totalembargo.

Ein Embargo ist meist auf wirtschaftliche Schwächung (Ausnahme Waffenembargo) und Abspaltung ausgerichtet, mit der Annahme, dem Betreffenden entstehen wirtschaftliche Probleme und somit einhergehend innenpolitische Schwierigkeiten.[43]

Zum einen ist die Verhängung eines Totalembargos das effektivste Mittel zur Durchsetzung von meist völkerrechtlichen und internationalen Interessen gegen einen Dritten oder ein Land, aber auch vielerseits sehr umstritten, da gänzlichst nicht ausgeschlossen wird, das eine Ausnahme von Lieferungen und Verträgen im Sinne humanitärer Zwecke auch wirksam kontrolliert werden kann und auch nicht zu schweren Folgen in der Zivilbevölkerung führen kann. Wirtschaftlich und auch volksökonomisch ist nicht auszuschließen, dass ein Embargo, das gegen eine Nation oder ein Land verhängt wird, nicht dazu führen kann, dass der bezweckte Sinn des Embargos eintritt, vielmehr werden die Verhältnisse hierunter derart umgewälzt, dass es zu allgemeinen

zivilen Notständen kommen muss. Das zeigt die Geschichte.

Es wird Lebensmittelknappheit eintreten, die Energieversorgung wird ausfallen oder zumindest drastisch reduziert werden müssen, die Arbeitslosigkeit steigt. Innerstaatliche Gelder, die für das Allgemeinwohl zur Verfügung stehen, wie z.B. das Gesundheitssystem oder die Bildung werden sodann umgeleitet und in Mittel zur Beschaffung der unter das Embargo fallenden Güter, Waren etc. investiert.

Eine schwere Folge eines Totalembargos zeigt das Embargo gegen den Irak, wonach die CARITAS im Jahre 1998 darauf verwiesen hatte, das mit Beginn des Embargos gegen den Irak die Kindersterblichkeit exorbitant zugenommen habe.[44]

Ein Waffenembargo, ein Mittel, die Aufrüstung und den mengenmäßigen Waffenanstieg in dem belegten Land zu kontrollieren, wird dann meist angewandt, wenn von diesem Land

---

[43]   so Cremer in Besser als Krieg
[44]   Bericht der Diakonie in Bezug auf den Irak-Krieg

kriegerische Aktivitäten ausgehen, die mit Waffengewalt durchgesetzt werden würden. So beispielsweise wird die Lieferung von Waffen und Munition und sonstigen Rüstungsmaterialien in das Land verboten.

Ein Beispiel hierfür ist das Waffenembargo der Weltgemeinschaft gegen Somalia zu Beginn der neunzehnhundertneunziger Jahre [45], wonach trotz des Embargos die Milizen des Mohamed Fahad Aidid ausreichend mit Waffen versorgt werden konnten. Die Beschaffung erfolgte über den Schwarzmarkt und gleichzeitig wurden mit Hilfe dieser Waffen die Lebensmittellieferungen der UN beschlagnahmt, um die Milizen mit ausreichend Nahrung zu versorgen,[46].

Zahlreiche Menschenrechtsorganisationen und Institutionen, aber auch Insider beklagen die Wirkungslosigkeit von Embargos und Sanktionen, stattdessen bestätigen Sie die Verschlechterung der Lebensbedingungen für die Zivilbevölkerung [47] und sprechen sich gänzlichst für einen Verzicht aus. So zum Beispiel auch der belgische Professor und Mitglied des Unterausschusses der Kommission, Marc Bossuyt in seinem 40-seitigen Papier.[48]

2.2.3. Grundlage eines Embargobeschlusses

Embargos können auf Grundlage vieler Voraussetzungen entstehen. In handelsspezifischer Konkurrenz stehende Kaufleute haben beispielsweise in Zeiten des "Feudalismus" Wege blockiert um so dem jeweils Konkurrierenden den Bezug oder die Abgabe von Waren zu erschweren oder gar zu verhindern.

Ein weiteres Beispiel embargialen Handelns dürfte die Belagerung von Burgen und Festungen sein. Die hierdurch abgeschnittene Lebensmittelversorgung der Belagerten hat nicht zuletzt die Aufgabe des Herrschaftssitzes zur Folge.

In der Gegenwart haben Embargos mehr oder weniger nur völkerrechtlichen Ursprung. Hierbei sollen Staaten, Nationen etc. dazu bewegt werden, das Völkerrecht und die völkerrechtlichen Verträge einzuhalten, zu achten oder umzusetzen.

---

[45]   UN-Resolution 733/1992 gegen Somalia betreffend ein Waffenembargo
[46]   Schreiben des Vorsitzenden des Ausschusses des Sicherheitsrates nach Resolution 751 betreffen die Lage in Somalia, an den Präsidenten des Sicherheitsrates vom 04.11.2003
[47]   human right and humanitarian consequences of sanctions including embargoes
[48]   The adverse consequences of economic sanctions on the enjoyment of human right Abs.48-50

2.2.3.1.   Beteiligte

Ein Embargo ist, wie bereits erörtert, eine Zwangsmaßnahme die mindestens zwei Beteiligte erfordert. Die "klassische Art" bedeutender Embargos ist aber heute nur noch im internationalen Staatenrecht, im bilateralen Handel und sonstigen wirtschaftlichen, militärischen und politischen Bereichen zu finden.

Welchen Bereich man hier aber untersucht, es wird immer mindestens zwei Beteiligte bei der Erwirkung und Umsetzung eines Embargos geben.

Auf der einen Seite steht demnach der, zu dessen Gunsten ein Embargo umgesetzt werden soll, dem gegenüber und meist mit "schlechteren Waffen" in der Hand, der zu dessen Lasten ein Embargo geht.

Beide Beteiligte können auch Vertreter Mehrerer sein.

So beispielsweise das Handeln der Union für alle Mitgliedsstaaten der Europäischen Gemeinschaft. (Art.3 i.V. Art.5 EUV).

In diesem Buchwerk sei aber nur auf die i.R. internationalen Staatenrechts ergangenen Embargogrundsätze einzugehen, d.h. beide Beteiligte sind Staaten i.S. d. Art.1 des Gesetzes der Verantwortlichkeit der Staaten für völkerrechtswidrige Handlungen, oder aber deren Stellvertreter i.R. gemeinschaftsrechtlicher Verträge (z.B. Europäische Union, Afrikanische Union, Arabische Liga etc.)

Durch die internationale Rechtsentwicklung werden Embargos nur auf Grundlage internationaler Verträge und des Völkerrechts beschlossen.

Diese werden von einem Staat oder Staatenverbund, auch von Organisationen, hier meist durch Beschlüsse des UN Sicherheitsrates, welcher über die Einhaltung völkerrechtlicher Bestimmungen aller Länder wacht (Art. 14 Abs. 1 UNO -Charta), beantragt und durch Verabschiedung verhängt.

Dem Initiator obliegt zudem eine Kontrolle und Überwachung des Embargos, er kann dies auch delegieren, und wird regelmäßig auch Verstöße gegen die Maßnahme(n) zu ahnden haben.

Ein Beispiel, das auch ein Staatenverbund als Beteiligter unter Embargo gestellt werden kann stellte das sogenannte COCOM-Hochtechnologieembargo westlicher Industrieländer gegen den Ostblock in der Zeit des Kalten Krieges von 1950 bis 1990 dar..

2.2.3.2.   UN Embargo

Diese UN-Embargos, vielmehr zu beschreiben als "Embargos der internationalen Gemeinschaft" sind Beschlüsse des Sicherheitsrates der Vereinten Nationen, Security Council, welche aufgrund sogenannter "callings" der Mitgliedsländer (konkret deren Vertretungen bei der UN) beschlossen und in Kraft gesetzt werden. Nach neuestem Stand in 2009 bestehen gegen 23 Länder Embargos verschiedener Art[49].

-Eine nähere Erläuterung der Zusammensetzung und Arbeit des Sicherheitsrates ist im Anhang des Buches unter § 1 dargestellt.-

Auf Tagungen, den "Callings" also, tritt die Generalversammlung im Normalfall zu ordentlichen Jahrestagungen zusammen (Art. 20 S 1, 1.Hs.). Wenn es die Umstände erfordern finden auf Antrag des Sicherheitsrates oder der Mehrheit der Mitglieder aber auch sog. außerordentliche Tagungen statt. (Art 20 Abs.1, S2)

Hier hat der Sicherheitsrat, als Wächter über den Weltfrieden und der internationalen Sicherheit (Art. 24 Abs. 1) zunächst einzubringen, dass er festgestellt hat, eine Bedrohung oder ein Bruch des Friedens oder eine Angriffshandlung läge vor.

a) Eine Bedrohung ist ein Gefährdungsdelikt mit dem das Begehen eines Verbrechens (gegen eine Person oder einem Nahestehenden) angedroht wird. [50]

In jedem Fall muss eine Gefährdung eines geschützten Rechtsgutes bestehen oder zu erwarten sein (abstraktes Gefährdungsdelikt).[51]

Unter völkerrechtlichen Gesichtspunkten würde das bedeuten, die Sicherheit, Freiheit oder sonstige Unversehrtheit des Friedens, der internationalen Sicherheit, internationaler Rechtsgüter oder die eines einzelnen Staates oder Staatenverbundes sind einer Gefährdung ausgesetzt oder in Gefahr, wohingegen

b) ein Bruch des Friedens schon eine konkrete Handlung erfordert und demnach ein Gefahrenlage bereits eingetreten ist, sowohl objektiv als auch subjektiv.

Diese beschriebene Handlung, auch Reihe von Handlungen, kann zum einen auf ein Tun oder auch auf ein Unterlassen beruhen. Ein Bruch des Friedens ist eine Verletzung der völkerrechtlichen Verpflichtung, [52] nach UNO-Charta.

Ein Bruch des Friedens erfordert im Vergleich zu einer Bedrohungslage sofortiges Handeln und eine sofortige Anberaumung einer außerordentlichen Tagung der Generalversammlung

---

[49]   Übersicht über länderbezogene Embargos des Bundesamtes für Außenwirtschaft im Anhang
[50]   Alpmann-Brockhaus
[51]   aus Alpmann/Brockhaus 2.Auflage S.559 Gefährdungsdelikte
[52]   nach Angriffsdefinition der UN

der Vereinten Nationen und seines Sicherheitsrates, um Maßnahmen zu treffen, den Frieden wiederherzustellen und die internationale Sicherheit zu wahren (Art 39 UNO-Charta), auch insbesondere dann, wenn

c) eine Angriffshandlung bereits vorliegt.

Angriffshandlungen sind Handlungen entsprechend Art. 3 der Angriffsdefinition[53], wobei diese, in selbigem Artikel aufgeführten Handlungen nicht abschließend sein sollen (Art 4 der "Angriffsdefinition" aequalis Resolution Nr.3314 der Generalversammlung).

Demnach können auch nicht unter Art. 3 fallende Handlungen Aggressionen darstellen und somit einen Rechtfertigungsgrund für ein Einschreiten der Vereinten Nationen, insbesondere des Sicherheitsrates geben.

Wie dem auch zu entnehmen ist, sind die unter die Punkte a) bis c) fallende Handlungen Gefahrsituationen, bei deren Feststellung durch den Sicherheitsrat unverzügliches Handeln der Vereinten Nationen erforderlich und auch völkerrechtlich gedeckt ist. Die Maßnahmen der Vereinten Nationen können jeglicher Art, insbesondere nach Art. 41 UNO Charta "Maßnahmen unter Ausschluss von Waffengewalt" sein, abschließend in seinem S.2 definiert selbiger Wirtschafts- und Politikbereiche, in denen, nach Ansicht des Sicherheitsrates eingegriffen werden kann. Es liegt demnach in der Hand des Sicherheitsrates, ein "Rezept " eines auf den Erfolg gerichteten Eingriffes zu entwickeln.

In seinem Art. 42 sieht dieses international mit Geltung versehene Regelwerk darüberhinaus "militärische Sanktionen" vor. Als *Ultima Ratio* eines erfolglosen Eingriffes i.R. des Art. 41 UNO-Charta ist dem Sicherheitsrat die Befugnis zugeteilt, militärische Aktionen von seinen Mitgliedern, i.R. der in Art. 43 UNO-Charta verankerten Beistandspflicht, durchführen zu lassen. Diese können sowohl zu Luft, zur See oder auf dem Lande erfolgen.

Ob zunächst eine Anhörung erfolgen soll oder auch andere geeignete Maßnahmen vorgegeben werden sollen, die die beteiligten Parteien einhalten und denen sie Folge zu leisten haben, ist strittig und zugleich offen.

Der Wortlaut des Art. 40 UNO Charta geht lediglich von einer KANN- Bestimmung aus. Es ist demnach durchaus möglich, dass der Sicherheitsrat mit sofortigem Beschluss und ohne Anhörung der beteiligten Partei/en die Durchführung von Maßnahmen nach Art. 41 UNO - Charta empfiehlt und veranlasst.

Ob dieser, den Artikeln 41 und 42 UNO Charta vorgelagerter Tatsachenerforschungsgrundsatz aus Sicht völkerrechtlicher Aspekte oder nach Ansicht der den Sicherheitsrat repräsen-

---

[53] Aggressionsdefinition, vom 14.Dezember 1974 abgedruckt u.a. in Sartorius II Internationale Verträge, Europarecht Nr.5

tierenden Staatenvertreter durchgeführt wird bleibt offen. Die bloße Empfehlung des Sicherheitsrates zur Durchführung von Maßnahmen genügt.

2.2.3.3. sonstige Embargos

Darüberhinaus, wie unter Abschnitt 2.2.3.1 festgestellt, können aber auch Embargos bilateralen oder multilateralen Ursprung haben, ja sogar persönlicher Art sein.

So bestehen, beispielsweise Embargos der Vereinigten Staaten von Amerika gegen Kuba. Also unter zwei beteiligten Staaten. Zum einen ein Staat, welcher der Durchsetzung seiner Interessen mit Hilfe von Blockaden und Ein- und Ausfuhrverboten für Güter, Waren, Technologien und sonstigen Produkten, Sachen und selbst humanitärer Hilfe Ausdruck verleihen will, zum anderen ein Staat, der hiervon betroffen ist und dadurch abseits der regulären Handelsstrombewegungen gestellt wird.

Mithin finden sich Embargos auch im "kleineren", wirtschaftlichen Rahmen. So kann z.B. der Dachverband einer Wirtschaftsvertretung einzelne Boykotte, Handelsverbote oder sonstige Zusammenarbeit durchsetzen.

2.2.4. Dauer eines Embargos

Die Dauer eines Embargos ist abhängig vom Verlauf der Veränderungen infolge dessen ein Embargo überhaupt verhängt worden ist. In Fällen, in denen Embargos gegen wirtschaftlich schwache Länder verhängt werden, vor allem erst recht dann, wenn die Einfuhr wirtschaftlich bedeutender Waren und Güter sowie Technologien blockiert wird oder das unter Embargo stehende Land keine im Inland erzeugten Produkte, Waren und Technologien mehr exportieren kann, wird es in dem betroffenen Land schnell zu ökonomischen Schwierigkeiten kommen und die betroffenen Machthaber werden sich überlegen müssen, dem Druck nachzugeben oder ihr Land unter beschränkten Bedingungen zu führen.

Nach Ansicht führender Wissenschaftler und auch zahlreiche Beispiele der Praxis belegen, dass dem nicht immer so sein muss. So beispielsweise erklärte der prominente US-Republikaner Richard Lugar, das Embargo seines Landes gegen Kuba[54] für gescheitert.[55] Demnach ist es von beiden Parteien abhängig, wie lange, über welchen Zeitraum ein Embargo bestehen wird.

---

[54]   mehr auch im Anhang I
[55]   vgl. Handelsblatt vom 23.02.2009, US-Außenpolitik

Als Beendigungsgründe kommen eigentlich nur drei Lösungen in Betracht.

1. Nachgeben der unter Embargo stehenden Partei oder des Staates und Hinnahme der auferlegten und vom Initiator des Embargos gewollten Bedingungen

2. Eine Rücknahme eines verhängten Embargos von seinem(n) Initiator(en)

3. Eine militärische Auseinandersetzung.[56]

Eine sonstige Beendigung eines Embargos gibt es nicht.

-Ein Sonderfall dürfte demnach die Beendigung des Eingangs erwähnten COCOM Hochtechnologieembargos gegen den ehemaligen Ostblock sein, das sich durch Zerfall des Bündnisses erledigt hatte. Wobei hier wohl auch als Erledigung eine Rücknahme des Embargos infolge veränderter Staatenbildung zu sehen ist. (Pkt.2)-

Es ist daher nicht abzusehen, über welch einen Zeitraum die Parteien es politisch wie auch ökonomisch verantworten können den "Krieg ohne Waffen" zu führen. Das Embargo gegen Kuba seitens der Vereinigten Staaten von Amerika wurde am 4. September 1961 vom US-Kongress als Foreign Assistance Act of 1961 beschlossen und ist noch immer in Kraft, ohne das die von den Vereinigten Staaten gewünschten Veränderungen in Kuba an und für sich eingetreten sind.

-weitere Erläuterung auch unter § 2 des Anhangs-

Im Laufe der Jahre oder Jahrzehnte wurden sodann von seitens der Vereinigten Staaten Lockerungen des Embargos beschlossen, offensichtlich hatte man in der Regierung erkannt, dass durch das Embargo die Regierung in Havanna (Hauptstadt der kubanischen Republik) nur Rechtfertigungsgründe in ihrer eigenen Wirtschaftspolitik sowie in der mangelhaften Entwicklung des Landes vorzubringen hat. Darüberhinaus sollten wohl auch wieder Interessen der amerikanischen Wirtschaft in den Vordergrund rücken.[57].

Kurzum versucht man gerade, sich in weltwirtschaftlich schwachen Zeiten an andere, bislang nicht erwünschte und gewollte Verbraucher zu wenden und so westlichen Industrien neue Märkte zu verschaffen.[58]

---

[56] Irak Embargo SR 661 und SR 678 als Grundlage für die am 17.0.1991 beginnenden Bombardements der USA

[57] aus "history of Cuba" veröffentlicht von J.A.Sierra /Stern.de vom 14. April 2009 "Obama lockert Kuba Embargo

[58] zumal das seit Jahrzehnten bestehende Embargo völkerrechtlich nicht gedeckt ist, so die Arbeitsgemeinschaft

Friedensforschung der Kassel, abgedruckt in Junge Welt vom 1.November 2007, Autor: Harald Neuber

2.2.5. Rechtseingriffe und Rechtfertigungsgründe

Wie in den ersten Abschnitten erläutert, treten viele Ursachen hervor, die einen Staat, die Weltgemeinschaft (gemeint hiermit die Organisation der Vereinten Nationen mit ihren Ausschüssen- den sog.Councils) einen Staatenverbund oder auch einen anderen Pakt, bzw. Organisation, dazu veranlassen gegen einen anderen Beteiligten ein Embargo zu beschließen. Sci es cin Land, ein Staatenverbund oder sonst Wer. Ein Embargo ist ein Eingriff in das Rechtssystem des Initiators:

a) bei einzelstaatlichen Handelsembargos wird in gewissem Umfang innerhalb dieses Landes die Handelsfreiheit[59] eingeschränkt, die Unternehmen werden gehindert ihre Produkte, Waren, Technologien oder Forschungen, oder auch Teile hiervon, in das unter das Embargo fallende Gebiet der beteiligten Partei [60] zu exportieren oder aus diesem Gebiet zu importieren.

aa) ein Initiator eines Embargos muss daher schon wirtschaftlich stärker als die belangte Partei sein, denn niemand würde sich ja selbst von der Einfuhr zweckdienlicher und benötigter Produkte, Waren und anderer ökonomischer Sachen abschneiden und sich so seiner Existenz gefährden. Dies gilt sowohl für Volkswirtschaften als auch Privatwirtschaften.

bb) wird man natürlich auch versuchen, für die eigene Ökonomie und Wirtschaftsentwicklung im Lande des Initiators und Befürworter des Embargos die volkwirtschaftlichen Verluste so gering wie möglich zu halten. So beispielsweise wurde die Lieferung von drei Gasverflüssigungsanlagen im Wert von 100 Millionen EURO durch ein sauerländisches Unternehmen in den Iran vom BA für Ausfuhrkontrolle nicht beanstandet, obwohl seit Jahren mehrere Embargos und Sanktionen in Bezug auf Iran bestehen[61] und die Bundesrepublik Deutschland hier als Hauptakteur auf europäischer und internationaler Ebene aufgetreten ist.[62]

cc) da wie bereits oben erörtert, sich ein Embargo nur gegen ein wirtschaftlich schwaches Land bezahlt, und auch Sinn macht, - was würde beispielsweise ein Embargo eines Landes gegen die Vereinigten Staaten von Amerika für einen Sinn machen, da die Volkswirtschaft dieses Landes alle für den wirtschaftlichen Erhalt und die Existenz, auch der Zivilbevölkerung, notwendigen Ressourcen, Waren, Produkte und Technologien etc. verfügt und auch selbst in der Lage ist herzustellen und zu produzieren -, wird der Initiator dieser Maßnahme natürlich auch nicht versuchen, der betroffenen Partei sämtliche Mittel zum Erhalt

---

[59] Handelsfreiheit ist die Möglichkeit jedermann, dem es erlaubt ist, Handel zu betreiben
[60] beteiligte Partei können Staat, Staatenverbund, Personen und Personenvereinigungen sein
[61] Artikel vom 18.8.2008 abgedruckt in Bild.de
[62] GASP-Beschlüsse des Rates insbesondere auf Drängen Deutschland und Frankreichs

seiner Wirtschaft "einzufrieren".

Stets wird ja angedacht werden, dass bei Beendigung des Embargos wieder wirtschaftlich und auch politisch normale Beziehungen unterhalten werden könnten. Ein Embargo ist daher stets ein gutes politisches Mittel, eines wirtschaftlich starken Landes, seine eigene Wirtschaft zu verkaufen.

So beispielsweise ist es auch erklärbar, dass die Regierung der Vereinigten Staaten von Amerika in Zeiten schlechter Weltwirtschaft und rückläufiger Passagierzahlen bei den Flugverkehrsunternehmen ihr Embargo gegen Kuba dahingehend aufhebt, das Passagier-flüge auf die Insel nunmehr wieder stattfinden und von amerikanischen Unternehmen angeboten werden.

b) Embargos, die durch Beschluss des Sicherheitsrates der Vereinten Nationen nach Art. 39 i.V. mit Art. 40 und 41 der Charta der Vereinten Nationen in Kraft gesetzt werden gelten ausnahmslos verpflichtend für alle Staaten, die Mitglieder nach Kapitel II der UNO-Charta der Vereinten Nationen sind, Art 2. Nr. 2 und 5 und Art. 43 der UNO-Charta.(hierzu auch Kap.3.3.5.5)

Wie wir später noch sehen werden, bedürfen Beschlusse der Vereinten Nationen der Trans-formation in innerstaatliches Recht, sodass somit eine Einschränkung der Handelsfreiheit nach innerstaatlichen Vorschriften in Verbindung mit einer Einschränkung des Grundrech-tes der Gewerbefreiheit (free enterprises) nach Art. 12 Abs. 1 GG und i.V. mit Par. 1 der GewO im innerdeutschen Recht, als auch eine Einschränkung der Grundfreiheit nach Art. 16 EUV.[63]

2.3.   Sanktionen
2.3.1.   Begriff, Arten

Der Begriff der Sanktion, meist im Plural verwendet, ist eine Abstammung aus dem fran-zösisch-lateinischem und hat ins Deutsche übersetzt soviel zu bedeuten wie Heilung, Billigung, Strafandrohung [64] (mehr auch unter §3 Anhang)

Im Weiteren ist eine Sanktion, eine juristisch, durch Gesetz darauf ausgerichtete Maßnah-me, konkrete Aktionen zu unterbinden und damit Normen durchzusetzen.[65]Im allgemeinen Rechtsgebrauch ist eine Sanktion eine Bestrafung nach einer Straftat oder einem Vergehen

---

[63]   Abstimmung der Mitgliedsstaaten in Bezug auf gemeinsames Hadeln in der Außen-und Sicherheitspoli-tik

[64]   Duden, Band 5, Dudenverlag

[65]   z.B. in Wikipedia

oder eine durch Gesetz vorgesehene Maßnahme bei Fehlverhalten.[66] Zudem unterscheidet man in positive Sanktionen und negative Sanktionen.

Positive Sanktionen sind Reaktionen auf normgerechtes Verhalten wie zum Beispiel in Form von Belohnungen. Eine Belohnung ist die Anerkennung für eine lobenswerte Tat, sie kann sowohl materieller als auch nicht materieller Art sein. Belohnungen materieller Art sind beispielsweise Boni, Geschenke, solche nicht materieller Art können unter anderem Dankesworte, Auszeichnungen in Form von der Verleihung von Ehrenmedaillen sein[67]

Näher betrachtet sollen aber im Rahmen dieses Werkes die sogenannten negativen Sanktionen werden. Sanktionen gegen einen Dritten, die darauf abzielen, eine Normenverletzung zu ahnden, können nach der Anschauung nur negative Sanktionen sein.

Es gibt viele Bereiche, in denen wir tagtäglich, auch außerhalb des für dieses Buchprojekt zugrundegelegten Sachverhaltes, mit negativen Sanktionen zu tun haben. Negative Sanktionen sind Maßnahmen in der Form einer Zurechtweisung für normverletzendes Verhalten. Im allgemeinen Geschäftsverkehr kommen Sanktionen in Form von Vertragsverletzungsklauseln, wie zum Beispiel vereinbarte Vertragsstrafen vor. Eine Vertragsstrafe kann hinsichtlich eines geschlossenen und rechtlich zulässigen, prüffähigen Vertrages[68] von einer Vertragspartei dann verlangt werden, wenn die andere Vertragspartei ihre Pflichten, die ihr aus dem Vertrag erwachsen verletzt. Im deutschen Sozialrecht kennen wir Sanktionen vor allem aus dem SGB II, wonach die Verletzung einer Pflicht des Leistungsempfängers nach dem SGB II vor allem mit Leistungskürzungen rechnen muss.

Ein weiterer Bereich, in dem Sanktionen zur Anwendung kommen ist das Völkerrecht. Das Völkerrecht ist das Recht, das das Verhalten der einzelnen Völkerrechtssubjekte untereinander regelt, ihnen Rechte und Pflichten ihres Verhaltens auferlegt. Die Bedeutung des Völkerrechts, auch internationales Recht genannt, ist vor allem geregelt in der Charta der Vereinten Nationen (UNO-Charta), in dem hier integrierten Gewaltverbot sowie auch im Völkergewohnheitsrecht[69]. Völkerrechtssubjekte sind Träger von völkerrechtlichen Rechten und Pflichten. Hierzu gehören zunächst die sogenannten "geborenen" Völkerrechtssubjekte, die Staaten.[70]

Hinzu gekommen sind sodann im 20. Jahrhundert die internationalen Organisationen[71].

---

[66]   aus Alpmann Brockhaus
[67]   z.B. Verleihung des Bundesverdienstkreuzes
[68]   z.B. die AGB des Unternehmers, nicht in jedem Falle haben diese Bestand
[69]   Gewohnheitsrecht auf Ebene des Völkerrechts, es ist gesetzlich nicht verankert und bildet sich durch dauerhafte Anwendung heraus
[70]   vgl. Alpmann-Brockhaus 2. Auflage S. 1484
[71]   ist ein Zusammenschluss von mind. zweier Staaten oder Völkerrechtssubjekten

Der Heilige Stuhl[72] , das internationale Komitee des Roten Kreuzes [73] sowie der Malteser-Ritterorden[74] als originäre nicht staatliche Völkerrechtssubjekte wurden inzwischen auch unstrittig anerkannt.

Das Völkerrecht unterscheidet zunächst zwei verschieden Arten von Sanktionen. Zum einen die gewaltlosen Sanktionen nach Art. 41 der Charta der Vereinten Nationen[75] und zum anderen militärische Sanktionen nach Art. 42 UNO-Charta. Militärische Sanktionen schließen demnach Einsätze von Luft, -See, -und Landstreitkräften der Vereinten Nationen ein. Angedacht sind nach dem Wortlaut des Art. 42 UNO-Charta aber auch Maßnahmen wie Blockaden[76] und Demonstrationen.

-eine direkte Anwendbarkeit der UN-Sanktionen auf dieses Kapitel ist syn. mit dem UN-Embargo-.

2.3.2. Wirtschaftssanktionen der (Vereinten Nationen)

Näher betrachtet, da im Wesentlichen auch als Hauptteil dieses Werkes, sollen daher die nach Art. 41 UNO-Charta möglichen Sanktionen gewaltloser Art, also ausschließend die militärischen Mittel nach Art. 42 UNO-Charta, werden.

Art. 41 der UNO-Charta sieht demnach als gewaltlose Sanktionen Maßnahmen, wie die vollständige oder teilweise Unterbrechung der Wirtschaftsbeziehungen, des Eisenbahn, - See, -und Luftverkehrs, der Post,- Telegraphen und Funkverbindungen sowie sonstiger Verkehrsmöglichkeiten und den Abbruch der diplomatischen Beziehungen vor. (Art.41 S.2) Eine Unterbrechung der Wirtschaftsbeziehungen, aber auch die Einschränkung oder Unterbrechung des Eisenbahn,- See,- und Luftverkehrs sowie die Einschränkung oder Unterbrechung sonstiger Verkehrsmöglichkeiten hinterlassen nicht zuletzt wirtschaftliche Spuren in der betreffenden Volkswirtschaft.

Diese Maßnahmen, auch als Wirtschaftssanktionen bekannt, sollen der Einflussnahme auf das Verhalten des sanktionierten Staates, dienen. Ziel solcher Instrumente ist eine wirkliche oder perzipierte Veränderung der Kosten/Nutzen-Relation alternativer Verhaltensweisen. Unterschieden werden daher:

---

[72] am 9.Februar 1863 in Genf zunächst als Gemeinnützige Gesellschaft gegründet, diente der Verwundetenhilfe
[73] Einrichtungen der römisch-katholischen Kurie
[74] römisch-katholische Ordensgemeinschaft, souveränes nichtstaatliches Völkerrechtssubjekt
[75] SARTORIUS II abgedr. Unter 1, UNO-Charta
[76] Verhinderung von Vorhaben einer Regierung, milit. Verhinderung der Versorgung des Gegners, logischerweise ein Embargo

a) umfassende

b) partielle

c) gezielte

d) kollektive Wirtschaftssanktionen.

Umfassende Wirtschaftssanktionen beinhalten die vollständige Unterbrechung der Handelsbeziehungen mit dem durch die Sanktionen belasteten Staat. Hierzu zählen auch Ein- und Ausfuhrverbote sowie Kapitaltransferverbote. Ziel dieses Druckmittel ist es zunächst die sanktionierte Partei zu normgerechten Verhalten zu bewegen.

Hinausgehend verbunden mit oder ohne Wiedergutmachungsleistung, sollte dies nicht auf Erfolg stoßen, dann sind umfassende Wirtschaftssanktionen natürlich dafür angedacht, größtmöglichsten wirtschaftlichen Schaden anzurichten.[77] Das gewollte Ergebnis dieser Sanktion wird im weiteren Teil noch näher betrachtet.

Umfassende Sanktionen nach a) sind die vollständige Behinderung des die Sanktion auferlegten Staates oder Person.

Partielle Wirtschaftssanktionen, wie unter b) beschrieben, sind Maßnahmen, die lediglich gegen einen oder mehrere bestimmte Teile, Wirtschaftsbereiche, oder Ausschnitte aus wirtschaftlichen Bereichen gerichtet sind, also keine vollständige Unterbrechung, Einschränkung wie umfassende Wirtschaftssanktionen, mit sich bringen.[78]

Partielle Wirtschaftssanktionen sind für den von ihnen betroffene Partei weitaus ungefährlicher, sie entfalten daher auch nicht solche Wirkung.

Um Maßnahmen gegen Volkswirtschaften, hierbei sind die betroffenen Staaten meist noch jahrelang nach Abbruch der Sanktionen mit den Folgen beschäftigt zu verhindern, gibt es die sogenannten gezielten c) Sanktionen, die sich gegen bestimmte Personen oder Personengruppen richten.

Betroffen hiervon können auch Vermögenswerte, etwa Bankguthaben dieser Personen oder Personengruppen sein.

Wirtschaftssanktionen der internationalen Gemeinschaft, nach Art. 41 UNO-Charta, nennt man auch kollektive Sanktionen. Kollektive Sanktionen können aber auch von anderen Staatenverbunden, Bündnissen oder Parteien wie zum Beispiel die Europäische Gemeinschaft oder der Afrikanischen Union[79] durchgesetzt werden.

Orientiert an dem Wort "kollektiv" sind dies Sanktionen eines sozialen Gebildes, dies

---

[77]   so auch Rudolf, aus SWP-Aktuell , Ausgabe August 2005 und the human rights impact of economic sanctions, Bericht aus dem Büro des hohen Kommissars für Menschenrechte vom 5. September 2000

[78]   so auch die Sanktionen der EU gegen Österreich vom 31.Januar 2000

[79]   Verbund afrikanischer Staaten

können Völker, Personen oder Klassen sein, mit der Absicht ihr gemeinsames Ziel in einem gemeinsamen Rahmen, der hierfür festgelegt wird, zu erreichen.

Zusammenfassend kann formuliert werden, dass Wirtschaftssanktionen im Völkerrecht, von einzelnen Staaten oder in der Form kollektiver Wirtschaftssanktionen, also durch die Vereinten Nationen oder anderer mehrerer kohärenter Beteiligter gegen einen anderen Staat oder Staatenbund erlassen werden können. Hierbei setzt man hinsichtlich des Ziels, das erreicht werden soll, verschiedene Mittel ein, die bis zu einer völligen Abbrechung der wirtschaftlichen Beziehungen (umfassende Sanktionen) reichen können.

2.3.3. Effektivität und Nebenwirkungen

Die Wirksamkeit der Verwendung von Wirtschaftssanktionen ist umstritten und ständiges politisches Streitthema.

Zum einen, wie unter den ersten Punkten dieses Buchwerkes, betreffend das Embargo, geschildert, werden wohl Wirtschaftssanktionen am häufigsten nur gegen wirtschaftlich schwächere Staaten eingesetzt werden können, die ohnehin schwächelnde oder nicht ausgebildete Wirtschaft erfährt somit eine weitere Schranke hinsichtlich ihrer Funktionalität.

Bereits und zweifelsohne bestehende Defizite in der Versorgung der Bevölkerung sowie der wirtschaftlichen Entwicklung werden durch Wirtschaftssanktionen zusätzlich verschärft.

Der umfassende Wirtschaftssanktionen Einsetzende muss daher, unter Abwägung aller sonstigen und möglichen, nicht militärischen Maßnahmen, einschätzen können und auch versichern können, dass negative Auswirkungen im Hinblick auf die Gesundheit und das Leben der Bevölkerung ausbleiben bzw. sich in Grenzen halten[80]

Daher sind Sanktionen meist kontraproduktiv. Das heißt, entsprechend dem klassischen Modell des Einsatzes von Sanktionen, nämlich möglichst großen wirtschaftlichen Schaden anzurichten um somit den politischen Effekt innerer Unruhe zu erreichen, sind die überwiegende Zahl der Sanktionen die weltgeschichtlich bekannt sind, nicht in einer politischen Umwandlung geendet. Leitragende wirtschaftlicher Sanktionen wird stets die Zivilbevölkerung sein, Waren werden sich verknappen, die Verbrauchsgüterpreise und Preise der allgemeinen Lebenshaltung steigen, die Geschäftswelt leidet unter den Kosten unter-

---

[80] Sanktionen gegen Burundi

brochener wirtschaftlicher Transaktionen und somit steigt die Arbeitslosigkeit.

Daher ist nicht zuletzt der Einsatz von Sanktionen völkerrechtlich umstritten.

Zur Anmerkung:

In der Völkerbundsatzung von 1919[81], in welcher man damals schon als zentrales und gemeinsames Interesse die Wahrung des Weltfriedens festlegte und man erkannte, dass sich nur dadurch ein funktionierendes System wirtschaftlicher und politischer Art herausbilden kann, sprach man auch offen über Mittel, die die Anwendung militärischer Gewalt in internationalen Beziehungen ausschlossen. Man besannte sich auf die herkömmlichen, waffenlosen Mittel zur Durchsetzung des Zieles, die Wahrung des internationalen Friedens, mittels Embargos oder Sanktionen. Beide Elemente sind daher die Errungenschaft des 20. Jahrhunderts, zwar wurden diese auch in früherer Zeit eingesetzt oder die Einsetzung vollzogen[82], aber dennoch war es vor dem ersten Weltkrieg ein wesentliches Attribut eines jeden Staates, jederzeit zum Kriege schreiten zu dürfen um so die Durchsetzung seiner Interessen zu ermöglichen.

Später, nämlich in der Charta der Vereinten Nationen vom 26. Juni 1945, fixierte man das allgemeine Gewaltverbot eines Staates nach Art. 2 Nr. 4 UNO-Charta völkerrechtlich und verhalf somit beiden Elementen waffenloser Kriegsführung als Restitutionsmittel für die Anwendung von militärischer Gewalt zu neuem Glanz. Art. 2 Nr. 4 der UNO-Charta entwickelte sich somit zum Grundpfeiler der internationalen Ordnung und als Richtschnur für alle Staaten, auch derer außerhalb der Vereinten Nationen, in ihrem außenpolitischen Handeln. Art 2 Nr. 4 UNO-Charta erlangte somit die Qualität des internationalen Gewohnheitsrechts.

Bestätigung kam durch die Rechtsprechung des Internationalen Gerichtshofes in seinem Nicaragua Urteil[83]. Seitdem gilt Art 2 Nr. 4 UNO-Charta als zwingende Völkerrechtsnorm, eine Abweichung hiervon ist nicht möglich. Sanktionen sind auch Mittel zur Abwehr externer Aggression und somit Instrument veritabler Weltinnenpolitik[84] Kritik an diesem Sanktionssystem der Vereinten Nationen gibt es genügend, denn dieses kollektiv entwickelte waffenlose Instrument läuft anders ab als es sich die Urheber gedacht haben.

Zum einen steht im Zentrum des Ganzen der UN-Sicherheitsrat. Dieser agiert praktisch frei von rechtlichen Bindungen, er legt sich darüberhinaus noch die Rechtsnorm der Charta wie sie als Bestes gebraucht wird zurecht. Nebenher sind Mitspieler politisch, als auch militä-

---

[81] 1920-1946 aktiv, internationale Organisation mit Sitz in Genf, gilt als Vorläufer der Vereinten Nationen

[82] z.B. das Embargo vom Dezember 1800 der Nordischen Koalition gegen Europa um Frankreich zu schwächen

[83] Nicaragua Entscheidung des Internationales Gerichtshofs, IGH 1986

[84] Haiiti 1994

risch potente Staaten, die nicht nur Vertreter und ständige Mitglieder der Vereinten Nationen sind, sondern diese haben auch eine nicht unerhebliche, mehr maßgebliche Rolle bei der militärischen Umsetzung der Funktionsweise des ganzen Systems.

Schlussendlich folgt daraus, dass eine kollektive Anwendung sowohl militärischer als auch nicht militärischer Gewalt entgegen dem Konzept der UNO-Charta nicht beim Sicherheitsrat konzentriert ist, sondern unterliegt praktisch doch wieder Prinzipien von Selbstdurchsetzung und Gegenseitigkeit, die das Völkerrecht außerhalb der Vereinten Nationen prägen.

II. Hauptteil

1. Generelles

Wie im ersten Teil dieses Buchwerks dargestellt und auch wenn nicht immer sehr unkritisch betrachtet, sind Embargos wie auch Sanktionen Maßnahmen um auf eine dritte Partei Druck auszuüben.

Hinsichtlich ihrer Wesensmerkmale unterscheiden sich beide Mittel in ihrem Wortlaut, wonach bei einem Embargo eine Behinderung eines Tuns oder Handelns und bei einer Sanktion eine Bestrafung für bereits Getanes erfolgen. Völkerrechtlich gesehen gibt es in ihrer Verwendung *no differentiae*.

Dies schlussfolgert sich schon aus den UNSCR's, wo generell nur das Wort "sanctions" verwendet wird.

Hinsichtlich ihrer Ziele sind beiden, wie im ersten Abschnitt gesehen, nur der Drang nach einer Veränderung der bestehenden Situation gemein, erfolgt dies seitens der sanktionierten oder mit dem Embargo belegten Partei nicht ist das Ziel möglichst viel wirtschaftlichen Schaden anzurichten und somit die Partei zum "Aufgeben" oder Einkehr zu zwingen.

Dies geschieht unter anderem durch die Unterbindung von Ein-und Ausfuhren von Waren, Gütern, Technologien oder die Durchführung von Dienstleistungen in dem Staat.

Eine Wirtschaftsbeziehung jeglicher Art mit Dritten, an das Embargo gebundenen Parteien kann somit nicht mehr erfolgen, soweit der Umfang der Sanktion oder des Embargos diese Tätigkeit betrifft.

In diesem Sinne könnte es auch Schwierigkeiten geben, wenn ein Luftverkehrsunternehmen in einen sanktionierten Staat einfliegt um dort innerstaatlich zu "operieren" und Dienstleistungen, wie z.B. die Personenbeförderung, durchführt.

Hierzu gilt zunächst zu klären, welche Dienstleistungen sich gesamt mit einem Luftverkehrsunternehmen verbinden und ob dies nun wirklich einer Beschränkung im Sinne des Art. 42 UNO-Charta unterliegen kann.

2. Leistungserbringung

2.1. Luftverkehrsunternehmen

2.1.1. Unternehmenszuordnung

Eine Fluggesellschaft, auch Luftverkehrsunternehmen genannt, ist ein Unternehmen, das gewerbsmäßig

a) Personen (Passagier)

b) Fracht (Gebäck)

c) Post

auf dem Luftweg befördert.

Unternehmen, die sich vorwiegend auf den Transport von Gütern nach § 407 HGB[85], Waffen, Munition und anderen militärischen Sachen sowie aller Beförderungen, die nicht ziviler Art sind, sollen hier nicht betrachtet werden, dies ist auch nicht kausal mit diesem Buchwerk.

2.1.1.1. Unternehmensgegenstand, Beispiel

Als Unternehmensgegenstand eines in der Zivilluftfahrt tätigen Luftverkehrsunternehmens ist zum Beispiel bei der Austrian Airlines, die Österreichische Luftverkehrs- Aktiengesellschaft wie folgt eingetragen:

- ☐ Luftverkehrsbetrieb aller Art, insbesondere die Beförderung von Personen, Gepäck, Post und Gütern im Luftverkehr (Linien– und Bedarfsflugverkehr),
- ☐ Betrieb des Reisebürogewerbes
- ☐ Betrieb des Gewerbes der Dienstleistungen in der automatischen Datenverarbeitung und Informationstechnik
- ☐ Schulung des Personals und anderer Personen
- ☐ Ausübung jeglicher mit der Luftfahrt zusammenhängender Tätigkeit

Hieraus ist ersichtlich, dass ein Luftverkehrsunternehmen nicht nur reine Personenbeförderungsleistungen samt deren Gebäck durchführt, wir werden noch im Weiteren sehen, welche Komplexität und Verflechtung diese Unternehmen aufweisen.

Eines ist aber allen in der Zivilluftfahrt operierenden Luftverkehrsunternehmen eigens, der

---

[85] Das deutsche HGB soweit nicht abweichend vermerkt ist

Transport auf dem Luftwege. Dies ist insoweit zu betrachten, da die Durchführung von Transporten nicht nur mittels Flugzeugen durchgeführt werden kann, beispielsweise verfügt die in Augsburg gegründete FoxAir auch über einen Helikopter und Air Malta über Wasserflugzeuge.

Am 20.November 1909 von Graf Ferdinand von Zeppelin in Frankfurt am Main gegründete DELAG (deutsche Luftschifffahrtsgesellschaft) und erste Luftfahrtgesellschaft der Welt transportierte ihre Passagiere beispielsweise mit einem Luftschiff, den im Volksmund wohl besser bekannten Zeppelin.

Ein weiteres, überaus durchschnittlich verbreitetes Instrument der unternehmerischen Betätigung einer Luftverkehrsgesellschaft ist der Erwerb von Beteiligungen jeglicher Art, die im Zusammenhang mit der Zivilluftfahrt stehen. Beispielsweise unterhält Austrian Airlines[86] Beteiligungen an der Tyrolean Airways, Tiroler Luftfahrt GmbH, die im Jahre 1994 erworben wurden und bei der Lauda Air Luftfahrt GmbH[87].

Derartige Beteiligungen sind nicht zuletzt nur wegen den geringen Margen bei der Personenbeförderung und zur besseren Auslastung eigener Flüge bzw. Kostensenkungsmaßnahmen aufgrund sogenannter Code-Sharing Flüge. Im Weiteren kann zu dem Betrieb eines Luftverkehrsunternehmens auch ein eigenes Handelsunternehmen gehören, in dem beispielsweise für die Eigenbetankung Treibstoff eingekauft wird sowie über welches auch eigene Treibstoffsicherungsgeschäfte (Optionsgeschäfte) abgewickelt werden.

Weiteren Beteiligungen können solche an Reiseunternehmen sein[88], in dem man versuchen wird Tickets eigener Flüge zu verkaufen oder aber solche von Beteiligungen an Liegenschaften[89] die zum Beispiel zur Folge haben sollen, kostengünstigere Stellplätze für eigenes Gerät[90] zu nutzen.

2.1.2. handelsrechtliche Zuordnung

Fluggesellschaften sind komplexe Unternehmen, die in vielen Bereichen der zivilen Wirtschaft operieren (müssen), nicht zuletzt ist ihre Gesellschaftsform daher meist die einer Kapitalgesellschaft. Kapitalgesellschaften im Sinne der § 264 ff HGB sind die GmbH, die

---

[86]   die österreichische Luftverkehrs AG, mit Sitz in Wien, Flughafen Wien Schwechat
[87]   Sitz in Wien, Österreich, gegründet 1979
[88]   Bericht des Bundesministeriums für Wirtschaft Österreichs 11/2007, abgedr. In Rechnungshof.at
[89]   z.B. an Teilen des Flughafengeländes
[90]   als Gerät auch benannt werden Fahrzeuge , auch Luftfahrzeuge, Maschinen, Produktionsmittel die Sachen sind

AG und die KGaA.

Neben den Kapitalgesellschaften kennt das Handelsrecht noch die Personengesellschaften. Beide unterscheiden sich im Wesentlichen durch die Stellung der Gesellschafter, die rechtliche Selbständigkeit, die Haftung und die Besteuerung voneinander. Auch bei der Auslegung des Gesellschaftsvertrages ist die Unterscheidung wichtig. Kapitalgesellschaften haben keine natürliche Person als Vollhafter (§ 264a HGB).

Derartige kapitalistische Gesellschaftsformen sind international auffindbar, es sind keine deutschstaatlichen Konstrukte unternehmerischen Handelns.[91] Nicht zuletzt hat man deswegen einen einheitlichen Rahmen der Vergleichbarkeit der Bilanzen von Kapitalgesellschaften aus verschiedenen Ländern schaffen wollen und das IAS oder USGAP[92] eingeführt.

Die zunehmende Globalisierung sowie die Fortbildung europarechtlichen Gesellschaftsrechtes haben zudem weitere Gesellschaften des europäischen Rechts geschaffen. Hierzu gehören solche Gesellschaften wie die 1985 erschaffene Europäische wirtschaftliche Interessenvereinigung (EWIV) oder die im Jahr 2001 geschaffene Europäische Aktiengesellschaft (SE)[93].

Luftverkehrsgesellschaften können als privatrechtliche Unternehmungen oder als staatliche Unternehmungen, auch eine Beteiligung des Staates über sogenannte Poolgesellschaften[94] an dem Unternehmen ist möglich, auftreten.

Staatlich betriebene Fluggesellschaften werden als sogenannte Flagcarrier bezeichnet, da sie unter der Flagge des Landes fliegen, der diese staatlich betreibt. Sie unterliegen meist nicht den Erfordernissen des Wirtschaftsmarktes, da sie teils mit öffentlichen Geldern betrieben werden und sozusagen nur das Aushängeschild dieses Staates darstellen.

In Deutschland war dies beispielsweise, bis zu ihrer Privatisierung, die Lufthansa[95], in Italien ist es noch immer die ALITALIA, und in Thailand die Thai Airways. Unstrittig ist, aufgrund der Komplexität dieser Unternehmen, dass diese regelmäßig einen in kaufmännischer Art und Weise eingerichteten Gewerbebetrieb erfordern, soweit sich ihre Stellung nach § 1 Abs. 2 HGB nicht schon aus der Gesellschaftsform ergibt.

Daher ist es unabdingbar, dass sich ein Luftverkehrsunternehmen, im Handelsregister eintragen lassen muss. Für in Deutschland eingetragene Gesellschaften gelten somit § 7 ff, GmbHG, für Gesellschaften mit beschränkter Haftung sowie § 36 ff AktG für Aktiengesell-

---

91   z.B. die Limited in UK, die SA in Spanien, die EOOD in Bulgarien
92   international Accounting Standards, nach denen auch börsennotierte, deutsche Unternehmen bilanzieren
93   Verordnung Nr. 2157/2001 über das Statur der europäischen AG, ABl EG Nr. L 294 v. 10.11.2001 S.1ff
94   geschlossene Vereinigung die durch die Mitglieder gleicher Interessensabsichten erhalten wird
95   vollständige Privatisierung war 1997 abgeschlossen

schaften. In anderen zumindest europäischen Ländern bestehen ähnliche Vorschriften[96].

Das Recht des Handelsregisters nach § 8 ff HGB ist gewissermaßen bereits an der Wurzel gemeinschaftlich geprägt.[97] Schon die Errichtung eines Handelsregisters beruht heute auf der Publizitätsrichtlinie 68/151/EWG[98], wobei dem deutschen Handelsrecht das Handelsregister schon vorher bekannt war. Im Späteren sorgte die Einführung des elektronischen Handelsregisters und des Unternehmensregisters zum 1.1.2007, in Umsetzung der Änderungsrichtlinie 2003/58/EG[99] für einheitliche Publizitätswirkungen der Handelsregister innerhalb der Europäischen Union.

2.1.3. rechtliche Gesichtspunkte des Luftverkehrsgewerbes
2.1.3.1. nationales Recht

Luftverkehrsunternehmen obliegen, nicht zuletzt auch wegen des mit dem Unternehmensgegenstand, die Luftbeförderung von Personen, Fracht und Post, natürlich auch weiteren innerstaatlichen als auch internationalen Anforderungen. Zuständig für die Überwachung von Luftverkehrsunternehmen, deren Unternehmenssitz[100]und Eintragung in Deutschland ist, ist das Luftfahrtbundesamt[101].

2.1.3.2. internationale Regelungen

Der Zivilluftfahrtverkehr ist überstaatlich in dem Abkommen über die internationale Zivilluftfahrt vom 7. Dezember 1944[102] geregelt, auch genannt Chicago Convention.[103] Dieses Abkommen schuf die Internationale Zivilluftfahrt-Organisation ICAO[104], eine Sonderabteilung der UN.
Die ICAO hat ihre Aufgabe wie folgt definiert:
"Entwicklung der Grundsätze und Technik der internationalen Luftfahrt sowie Förderung von Planung und Entwicklung im internationalen Luftverkehr", Art 44 Chicago Conventi-

---

[96] das elektronische Handelsregister in England, einsehbar unter www. companieshouse/gov.uk
[97] vgl. Ausführungen Schmidt-Kessel GPR 2006, S. 6ff
[98] Publizitätsrichtlinie, so auch Schmidt-Kessel GPR 2006, S. 6Ff, Abl. L 65 vom 14.3.1968
[99] Abl. L 221/13 vom 04.09.2003
[100] im Normalfall der Sitz der Verwaltungseinheit des Unternehmens
[101] deutsche Fachbehörde für Luftfahrt mit Sitz in Braunschweig
[102] beschlossen in Chicago, daher auch Chicago Convention genannt
[103] abgedruckt in SATORIUS II , internationale Verträge, Europarecht Kapitel 399
[104] Art. 43 ICAO,

on.

In den Punkten a) bis i) definiert die Organisation ihre weiteren Bestrebungen und Ziele.

Der Organisation gehören heute 187 Vertragsstaaten an, das heißt für das jeweilige Mitgliedsland, die Rechte und auch die Pflichten die sich aus dem Abkommen über die Internationale Zivilluftfahrt ergeben, umzusetzen und einzuhalten. Der in unserem Fall mit dem Embargo belegte bzw. sanktionierte Staat als auch der Mitgliedsstaat der Europäischen Union, in dem die Flugzeuge der Fluggesellschaft eingetragen sind, sind Vertragsstaaten der CC. Welche Bedeutung die Eintragung der Flugzeuge hat, werden wir im Weiteren noch sehen.

-Näheres zu ICAO und CC ist dem Anhang unter §4 zu entnehmen.-

2.2. Durchführung von Flugdiensten
2.2.1. rechtsgrundlegende Voraussetzungen

Eine Durchführung von Dienstleistungen im Zivilluftverkehr aufgrund des Abkommens über die internationale Zivilluftfahrt, CC, ist an bestimmte Voraussetzungen gebunden. Zunächst ist es Voraussetzung, das die beteiligten Staaten, zum einen der Staat, dessen Staatszugehörigkeit das Flugzeug hat, welches die Dienstleistung erbringt und den Luftraum des anderen Landes benutzt, Mitglieder nach der CC sind, die hierin verankerten Grundsätze, Ziele und Aufgaben anerkennen und die sich hieraus ergebenden Rechte und Pflichten erfüllen. Ein Luftfahrzeug wird in einem Register, dem sogenannten Flugzeugregister geführt.[105].Das Flugzeugregister wird national geführt, Art. 19 CC. Das heißt, jeder Staat in dem ein Luftverkehrsunternehmen ansässig ist und sein Gewerbe betreibt, hat ein solches Register einzurichten und zu führen[106]. Eine Eintragung in mehreren Staaten ist nicht möglich, Art. 18 CC, bzw. eine Mehrfacheintragung ist nicht gültig. (siehe auch Anhang) Unterschiede hinsichtlich der Eintragungskennzeichen werden infolge des Aufbaus und der Nutzung gemacht, wobei hier zunächst nach der Startmasse[107] und der Bauart[108] gekennzeichnet wird. Weitere Kennzeichnungen gehen aus der Anlage I hervor. Die Eintragung eines Luftfahrzeuges in einem Vertragsstaat der CC ist auf Verlangen der internationalen Zivilluftfahrtorganisation oder jedem anderen der CC unterliegendem Vertragsstaat mitzuteilen, Art. 21 CC.

---

[105] Luftfahrzeugrolle, seit 1.8.1959 geführt vom Luftfahrtbundesamt in Braunschweig
[106] nach §2ff LuftvG geführte Rolle vom 10.05.2007 (akt. Stand) BGB I 698 mit späteren Änderungen
[107] das Gewicht des Luftfahrzeuges bei dem Start einschl. Eigengewicht, Ladungsgewicht und Treibstoff
[108] unterscheidet sich hinsichtlich der Antriebsweise, der Nutzungsweise und der Äußerlichkeit

Zweifelsfrei sind so in einem anderen Land operierende Fluggesellschaften zuordenbar.

Darüberhinaus verfügt somit jeder Vertragsstaat der CC über Informationen hinsichtlich der Eigentumsverhältnisse und der Verfügungsgewalt eines in der internationalen Zivilluftfahrt betriebenen Luftfahrzeuges, Art 21 S. 2 CC. Dies ist insoweit von Bedeutung, da die Luftverkehrsunternehmen sich diverser Finanzierungskonstrukte, wie des Leasings oder des Krediters bedienen, wonach in den meisten Fällen nur eine bedingte Herrschaft über das Luftfahrzeug wirkt und dies demnach mit Rechten Dritter belastet ist.

Eine nach Außen gerichtete Staatenzuordnung erfolgt auch durch die das Luftfahrzeug führende Flagge, vgl. entsprechend Ausführung unter § 4 des Anhangs I.

2.2.2. betriebstechnische Voraussetzungen

Ein in der internationalen Zivilluftfahrt tätiges Luftverkehrsunternehmen - da dieser Begriff auch andere Leistungen des Transportes in der Luft und mit anderen Mitteln als herkömmliche Flugzeuge beinhaltet, soll künftig in dieser Stelle mitunter auch der Begriff der Fluggesellschaft oder Airline benutzt werden - hat gewisse Voraussetzungen hinsichtlich der Inventarausstattung zu erfüllen. Unter Zugrundelegung, dass es sich bei dieser Dienstleistung um eine Durchführung mit einer herkömmlichen Passagiermaschine handelt (BOING, Airbus etc.) ist die Durchführung von Dienstleistungen im zivilen Luftverkehr nach der CC (sowie andere bilaterale und internationale Abkommen entsprechen den gleichen Bestimmungen, wobei 187 Staaten das Abkommen ratifiziert haben und die Chicago Convention demnach als für alle Staaten geltend angesehen werden kann) auch an zusätzliche, bestimmte technische Bestimmungen gebunden, die sich aus diesem Abkommen ergeben und voraussetzen, das dieses Unternehmen auch praktisch "operieren" darf, vgl. auch § 5 des Anhangs. Neben den im Anhang I aufgeführten Dokumenten bedarf es zudem auch entsprechender technischer Sicherheit. Nicht zuletzt obliegt daher natürlich jedem Vertragsstaat des Abkommens das Recht, die Luftfahrzeuge eines anderen Vertragsstaat bei der Landung oder beim Abflug zu untersuchen, Art. 16 CC. So, dass sich hieraus schon bei technischen Mängeln Nutzungsverbote ableiten können, soweit diese Mängel Grunderfordernis für einen sicheren Betrieb des Luftfahrzeuges sind [109] steht somit außer Zweifel.

Innerhalb der Europäischen Gemeinschaft wurden einheitliche Vorschriften geschaffen.[110]

---

[109]   leiten sich aus Betriebsgenehmigungen ab, z.B. ein Punkt ist die finanzielle Kapazität des Unternehmers
[110]   Zuständigkeitsgebiet der europäischen Agentur für Flugsicherheit, einheitlicher europäischer Luftraum

2.2.3. personelle Voraussetzungen

Ein in der internationalen Zivilluftfahrt eingesetztes Luftfahrzeug kann und darf nur mit Personal betrieben werden, welches geschult und ausreichend qualifiziert ist, und den Erfordernissen die mit der Erbringung einer solchen Dienstleistung einhergehen, entsprechen, sog. Betriebspersonal. Art. 32 CC unterteilt dieses Personal nochmals in Luftfahrzeugführer und andere Mitglieder des Betriebspersonals.

Betriebspersonal ist das für den ordnungsmäßigen Einsatz und die sichere Verwendung dauerhaft vorhanden und einzusetzende Personal, hierzu gehören beispielsweise bei der Personenbeförderung die Flugbegleiterinnen und Flugbegleiter. Diese haben vornehmlich Weisungsfunktionen hinsichtlich der Sicherheit und Ordnung zu erfüllen.

Hierbei kommen diesen bei der Bedienung der Passagiere mit Essen und Trinken nur untergeordnete Aufgaben zu.

Um eine internationale Einheit an Sicherheit und Ordnung im Luftverkehr zu gewährleisten, sind diese in der Luftfahrt, auf einem Luftfahrzeug beschäftigten Personen, also Piloten als Luftfahrzeugführer und Flugbegleitung als Kontroll-, Service- und Kommunikationsorgan, zu schulen.

 -Mitunter sind auch Techniker und Ingenieure bei der Durchführung von Dienstleistungen im Luftverkehr an Bord, ihnen kommt jedoch i.R. dieses Buchwerks keine gesonderte Betrachtung zu.-

Diese Schulung unterliegt zwar noch immer innerstaatlichem Recht, wie gesehen betreibt hierzu AUA eigene Geschäftstätigkeiten, Art. 32 Abs. 2 der CC schafft sich aber die Macht, hier allgemeine Regelungen in der Qualifikation durchzusetzen.

Demnach könnte ein Vertragsstaat die Geeignetheit des Personals aberkennen und insoweit den Einflug oder Überflug eines Luftfahrzeugs mit diesem Personal verweigern.

Novellierung kommt daher mit Art. 33 CC, mit dem man eine Anerkennung der Zeugnisse und Erlaubnisscheine an Mindestanforderungen geknüpft hat und man sich ja generell einig darüber ist, dass sämtliche innerstaatlichen Vorschriften und Regelungen betreffend die Zivilluftfahrt, international und im Einklang mit der CC anzupassen sind. Art. 12 S.2 CC[111] [112]

---

[111] Ungeeignetheit infolge Krankheit, Sucht, unverhältnismäßiges Benehmen etc.
[112] Handbuch der jeweiligen Fluggesellschaft, Unterschiede bestehen lediglich im Servicebereich

2.3. sonstige Voraussetzungen

Ein jedes Luftfahrzeug, dass Passagiere in der internationalen Luftfahrt befördert hat eine Liste ihrer Namen und Abflug und Bestimmungsort mitzuführen. Bst.(f)CC. Desweiteren sind auch entsprechende Angaben über die Fracht in einem sogenannten Manifest`[113] schriftlich festzuhalten. Bst.(g)CC

Beide Punkte haben für die Durchführung von Transportdiensten mittels eines Luftfahrzeuges ungeahnte Bedeutung, nicht zuletzt erst durch die terroristischen Anschläge des 11. September 2001 in den USA.

Viel diskutiert hinsichtlich Notwendigkeit und Verhältnismäßigkeit werden daher auch ständige Verschärfungen der Sicherheitskontrollen an den Flughäfen die sowohl einzelstaatlich als auch gemeinschaftlich (EG, international, sonstiger Bund) geregelt werden können. Jeder Staat kann demnach auf Grundlage seines Souveränitätsprinzips, Personen von der Einreise oder auch Ausreise ausschließen, wenn hier Gründe aus der Ordre Public[114] entgegenstehen.

Beispielsweise wurden aufgrund zahlreicher Verordnungen der europäischen Union den Fluggesellschaften Frachtbeschränkungen für besondere Güter auferlegt.[115]

Beispielsweise auch, haben die Vereinigten Staaten von Amerika besondere Einreisebeschränkungen.

Anhand dieser sodann an die Einreisebehörden zu übermittelnden Personendaten kann eine Erlaubnis zur Einreise in die Vereinigten Staaten von Amerika erteilt oder auch abgelehnt werden.[116]

2.4. Einschränkungen der Flugdiensterbringung
2.4.1. dienstleistungsrechtliche Einschränkungen

Einer Ausübung gewerberechtlicher Dienste in der Luftbeförderung nach der CC durch ein mitgliedsstaatliches Luftverkehrsunternehmen können aber auch andere Gründe entgegenstehen. Zwar garantiert die Chicago Convention eine für planmäßige Flüge gewerbliche Benutzung des Luftraumes, der Flughäfen und sonstigen Luftfahrteinrichtungen, jedoch

---

[113]   Zusammenstellung oder Band von Dokumenten(Frachtwesen) Angaben (Politik) Einzelbänden (Literatur)

[114]   Rechtfertigung aus Gründen der nationalen Sicherheit, Ordnung, Sittlichkeit, auch Kulturgüter und Gesundheit

[115]   Mitführen von Flüssigkeiten von mehr als 200ml im Kabinengebäck

[116]   Beschränkungen für Personen bei der Einreise in die USA nach vorheriger Prüfung, ESTA Anmeldung

nur unter der Bestimmung des Art. 6, unter der besonderen Erlaubnis, oder nach Art. 5 der CC für nicht planmäßige Flüge, sowie nach Art. 1 der Vereinbarung über den Durchflug im internationalen Fluglinienverkehr.

Im Grundsatz hat aber aus beiden Abkommen jeder Vertragsstaat das Recht, die vorherigen Genehmigungen und Erlaubnisse zu widerrufen.

Die CC sieht zum Beispiel die Begründung für die Verweigerung einer Erlaubnis außerhalb der unter das Kapitel V der CC fallenden Voraussetzungen in einem Notstand oder Krieg, Art. 89 , in der Kündigung des Vertrages, Art. 95, soweit die Kündigungsfrist abgelaufen ist und die Kündigung somit rechtswirksam im Sinne des Abkommens ist und als weiteren Grund käme eine Strafmaßnahme gegen ein Unternehmen aufgrund von Verletzungen der Luftverkehrsregeln Art. 12 CC sowie bei Missbrauch der Zivilluftfahrt nach Art.3 und 4 der CC -hier anzumerken, die von der EASA erstellte "black list "- (siehe Anhang).

Die Vereinbarung über den Durchflug im internationalen Fluglinienverkehr beschränkt nebenher der Chicago Convention die Freiheit eines Luftbeförderungsunternehmens im Sinne der Benutzung fremden Hoheitsgebietes für die Erbringung seiner Dienstleistung beispielsweise wenn in dem betreffenden Gebiet Feindseligkeiten stattfinden oder diese militärisch besetzt sind oder macht in Kriegszeiten eine Genehmigung von den militärischen Behörden abhängig, Art 1 Abschn. 1.

Eine Genehmigung kann von einem Vertragsstaat nach der Vereinbarung über den Durchflug im internationalen Fluglinienverkehr gegenüber einem Luftverkehrsunternehmen verweigert oder widerrufen werden.

Falls ein wesentlicher Teil des Eigentums oder die tatsächliche Kontrolle des Luftfahrzeuges/der Luftfahrzeuge außerhalb des Machtbereiches von Mitgliedern dieses Abkommens liegen, Art. 1 Abschn. 5.

Im Weiteren kann ein Staat die Genehmigung gegenüber einem Flugunternehmer verweigern oder widerrufen, soweit dieser die Gesetze des Staates, über dessen Gebiet es Luftverkehr betreibt nicht befolgt oder seinen Verpflichtungen, ergebend aus der Vereinbarung über den Durchflug im internationalen Fluglinienverkehr, nicht erfüllt.

Da die Vereinbarung als solches, Pflichten, die sich hieraus ergeben nicht selbständig aufführt, aber als Nebengesetz zu der CC statuiert ist, gelten sinngemäß die Vorschriften aus dieser Vereinbarung.

So sind beispielsweise fehlende Bordbücher oder Lufttüchtigkeitszeugnisse, Erlaubnisse und Befähigungen des Luftverkehrsführers und sonstigen Betriebspersonals Gründe der Sanktionierung eines Luftverkehrsunternehmens mit Verweigerung der Benutzung des Hoheitsgebietes eines Mitgliedsstaates.

2.4.2. sachenrechtliche Hinderungsgründe

Einer Hinderung der Erbringung von Dienstleistungen im Luftverkehr können auch sachenrechtliche Tatsachen entgegenstehen.

Eine Fluggesellschaft, die ihre Luftfahrzeuge, einschließlich des hierfür notwendigen Betriebspersonals, in einen anderen Staat verbringt, um dort gewerblich Passagiere, Fracht und Gebäck zu befördern hat sich nicht zuletzt auch Fragen zu stellen, wie es beispielsweise mit der Sachbelegenheit und dem hiermit anwendbarem Recht steht. Insbesondere in Betracht zu ziehen ist die Tatsache, dass das Zielland kein Mitgliedsstaat der Europäischen Union ist wohingegen die Fluggesellschaft ihren Sitz hierin hat.

Europarechtlich stellt dies keine Probleme dar, wie wir noch sehen werden.

Der Normalfall eines Luftverkehrsunternehmens ist ja der Erwerbszweck, dass Flugdienste angeboten werden.

Die Anschaffung eines, wie im vorliegenden Fall gegeben ist, Luftfahrzeuges des Typ Boing 737, bringt nicht nur hohe Anschaffungskosten mit sich, es bedarf auch des Unterhaltes, der Untersuchung bei Landung und Abflug, also der absoluten Finanzwirtschaft in einem höchst monetärem Merkantilsystem. Deshalb, z.B. wie bei AUA, ist die mehrheitliche Anzahl der Luftfahrzeuge geleast oder bankfinanziert. Das heißt, an der Sache bestehen Rechte Dritter, die auch Befugnisse des Eigentümers mit sich bringen. In dem Falle, die Fluggesellschaft ist auch Eigentümer der Sache, könnte diese mit der Sache nach Belieben verfahren, § 903 BGB. Es gäbe keine Bedenken gegen eine Verlagerung der Sache.

-Zur Klärung des Sachbegriffes, dessen hieraus rührenden Rechte und Abwehransprüche, vgl. § 6 Anhang.-

Die Rechte Dritter, die auf das Flugzeug einwirken, schließen aber eine uneingeschränkte Herrschaft der Fluggesellschaft auf diese Sache aus. Die diesem Handbuch zu Grunde gelegte Fluggesellschaft hat die Flugzeuge, mit denen sie in dem anderen Staat Passagiere und Gebäck befördert per Leasingvertrag erworben. Die Leasinggesellschaft, wie immer sie auch strukturiert und zugeordnet werden mag, ist daher Eigentümer des Flugzeuges. Leasingverträge sind der Oberbegriff für Verträge, durch die Wirtschaftsgüter gegen Zahlung eines monatlichen Entgeltes, die sogenannten Leasingraten, zum Gebrauch überlassen werden.

-Zur weiteren Erläuterung vgl. § 6a des Anhangs-

Da diese Art der Finanzierung zunehmend Beliebtheit bei den Fluggesellschaften erlangt, hat man mit der Flugzeugbeleihungswertermittlungsverordnung[117] vom 20.04.2009 eine Norm geschaffen, um eine einheitliche Bewertung der Flugzeuge im Rahmen des Pfandbriefgesetzes zu schaffen.

Eine freie Verfügbarkeit der Fluggesellschaft über das Flugzeug könnte demnach daran scheitern, dass infolge seines Rechtsanspruches an der Sache, der Leasinggeber die Nutzung der Sache beschränkt. Dies könnte sich aus folgendem ergeben:

Der Leasinggeber könnte entgegnen, dass seine Sache, das Flugzeug, welches er an die Fluggesellschaft zur Überlassung abgegeben hat, in einem Staat, das mit einem Embargo oder Sanktionen belegt ist, nicht der für diese Sache erforderlichen Sicherheit entspricht und so die Gefahr sehen, bei einem Verlust oder einer Beschädigung Nachteile zu erleiden. Auch willkürliche Maßnahmen seitens der Behörden dieses Staates, gar der Eintritt einer Aggression oder kriegerischen Auseinandersetzung mit diesem Staat, "welches nicht umsonst von der internationalen Gemeinschaft sanktioniert wurde"? und nach erfolglosem Ablauf aller friedlichen Maßnahmen auch an eine militärische Sanktion nach Art.43UNO Charta zu denken ist.

Im weiteren könne er die Gefahr sehen, dass mit Verbringung dieses Flugzeuges ein internationaler Luftverkehr, für den er die Sache an den Leasingnehmer abgegeben hat, nicht durchgeführt wird, sondern innerstaatliche Flüge, die nach der Chicago Convention nicht umfänglich geregelt sind und ausschließlich dem Recht des Landes, in dem die Dienstleistung erbracht wird, unterliegen.

Die CC ist ein Abkommen, ausschließlich der internationalen Zivilluftfahrt dienend (Präambel CC). Zwar sieht das Abkommen eine nationale Betätigung eines Luftverkehrsunternehmens vor, Art.5 zweite Absatz, verweist hierin aber ausdrücklich auf das dann geltende nationale Recht.

An der Sachenzugehörigkeit im Großen und Ganzen wird sich nichts ändern. Der Leasinggeber wird, solange der Leasingvertrag besteht, Eigentümer des Flugzeuges sein.

Auch mit dem Verbringen in ein drittes Land und dortigem Einsatz des Luftfahrzeuges wird das Flugzeug aufgrund der Staatenzugehörigkeitsregelung nach Art. 17 der CC dem Staat angehören, in dem es eingetragen ist.

Jedoch könnte der Leasinggeber dahingehend Schaden erleiden, wenn dieses Flugzeug in dem Drittland nunmehr in Beschlag genommen und versteigert oder in anderer Art verwertet werden soll, weil zum Beispiel die Fluggesellschaft fällige Flughafengebühren oder sonstige Abgaben in diesem Staat nicht bezahlt oder bezahlt hat. Auch denkbar wäre, dass an diesem Flugzeug außerordentliche Erhaltungsmaßnahmen und unumgängliche, erfor-

---

[117] FlugBelWertV vom 20.04.2009 BGBl. I S 1036 (Nr.25) Geltung ab 15.05.2009

derliche Aufwendungen zum Abschluss gebracht wurden und somit Ansprüche Dritter entstanden sind, die nunmehr versuchen diese rechtswirksam durchzusetzen.

Derartige Ansprüche könnten ein dingliches Recht an dem Flugzeug begründen und den Rechten der Leasinggeber vorgehen, so dass eine Zwangsvollstreckung in das Luftfahrzeug sich nach den Gesetzen des Vertragsstaates richtet, in dem die Zwangsvollstreckung durchgeführt wird, Art VII d. Genfer Übereinkommens über die internationale Anerkennung von Rechten an Luftfahrzeugen.[118]

Weiteres Bedenken des Leasinggebers hinsichtlich der Verfügbarkeit über sein Luftfahrzeug könnte dahingehend entstehen, dass dieser im Falle einer Ausrufung des Notstandes, durch Beginn eines Krieges, oder einer Aggression, ungeachtet ob diese aufgrund von Maßnahmen der Vereinten Nationen nach Art. 43 UNO-Charta erfolgen oder einzelstaatliche militärische Maßnahmen sind, und der Tatsache, das internationale Flüge nicht durchgeführt werden, seine Rechte an der Sache verlustig sieht, sobald es nicht möglich erscheint, auf das Flugzeug zuzugreifen oder in der Art, das dieses aufgrund geschlossener Flughäfen und Einstellung des Flugverkehrs aus diesem Staat heraus, nicht in den Zugehörigkeitsstaat zurückgeführt werden kann. Infolge dessen, der Leasingnehmer illiquide wird und die fälligen Raten an den Leasingnehmer nicht mehr auszahlen kann.

Der Leasinggeber könnte sodann aufgrund der für beide Parteien unmöglich gewordenen Verbringung der Sache nur schwerlich oder gar keine Befriedigung aus seinem Rechte suchen. Jedoch ist, trotz allen oben aufgeführten, möglichen Varianten, die bei einer Verbringung eines Flugzeuges in ein fremdes Land, noch ein durch internationales Embargo belegtes Land nicht zu vergessen, dass der Leasinggeber natürlich auch Interesse an der Wirtschaftlichkeit und vor allem an dem going concern[119] seines Leasingnehmers hat.

Zum einen bedeutet für ihn der Abschluss von Leasingverträgen seine wirtschaftliche Existenz und wenn diese noch pflichtgemäß erfüllt werden, hinzu noch einen kapitalistischen Gewinn.

Es ist somit davon auszugehen, dass Leasinggeber einer Einschränkung seiner Sache hinsichtlich des Verwendungsortes nichts entgegensetzen wird oder kann.

Es ist zudem weiter anzunehmen, gar hinsichtlich dieses Punktes erwiesen, dass die durchgeführte Dienstleistung rechtlich nicht zu beanstanden ist.

---

[118] vom 19. Juni 1948, BGBl.1959 II S.130, multilateraler Staatsvertrag
[119] Prinzip der Weiterführung und Weiterentwicklung eines Unternehmens, von Bedeutung v.a. in der Insolvenz

2.4.3. staatsrechtliche Hinderungsgründe
2.4.3.1.　　geplanter Einflug

Ein Flugrecht in einen anderen Staat als dem der Flugzeugzugehörigkeit und somit einhergehender Benutzung des Hoheitsgebietes dieses Staates bedarf jedoch weiterer rechtlicher Voraussetzungen.

Die CC unterteilt in ihrer Norm planmäßige und nicht planmäßige Flüge, die in einen anderen Staat führen können. Planmäßige Flüge nach Art. 6 CC sind Flüge, die aufgrund eines festen internationalen Flugplanes erfolgen und durchgeführt werden und zu dem das Hoheitsgebiet eines Vertragsstaates nur mit der besonderen Erlaubnis oder einer sonstigen Ermächtigung dieses Staates und nur in Übereinstimmung mit den Bedingungen dieser Erlaubnis oder Ermächtigung benutzt werden darf. Planmäßige Flüge werden nach den internationalen Luftfahrtregeln[120] mit dem Buchstaben S gekennzeichnet.

Wie bereits der Name schon Aussage gibt, beruhen planmäßige Flüge auf einer Planung.

Diese im § 7 Anhang ausgeführte und allgemein formulierte Begriffsdefinition lässt sich uneingeschränkt auf die Luftverkehrsplanung anwenden.

Der globalen Luftverkehrsplanung und -Organisation, die unter dem Begriff "Traffic Management" (Luftverkehrsmanagement) einzuordnen ist, liegt die Philosophie zugrunde, die Bedürfnisse und Interessen der Teilnehmer am Luftverkehr, der Luftraumnutzer, frühzeitig zu erfassen, um im Vorfeld des Verkehrstages, der Flugdurchführung, koordinierend und organisierend auf die Verkehrsstruktur einwirken zu können.

Somit wird zu einer Glättung der räumlichen und zeitlichen Verkehrsstruktur, verbunden mit einer Entlastung des Flugverkehrs beigetragen.

Ein Flugplan ist demnach eine Zusammenstellung der an die Flugverkehrskontrollstellen zu übermittelnden, vorgeschriebenen Angaben über die beabsichtigte Flugdurchführung mit einem Luftfahrzeug.[121] Flüge, die einer solchen Planung unterliegen sind demnach planmäßige Flüge im Sinne des Art. 6 CC, für sie ist die besondere Erlaubniseinholung der Behörden des Einflugstaates nicht notwendig.

2.4.3.2.　　Nutzungsgenehmigung des Luftraums

Die Durchführung internationaler Zivilluftflüge setzt voraus, dass ein Flugzeug in den Luftraum eines anderen Staates einfliegt. Luftraum ist der mit Luft gefüllter Raum über der

---

[120]　Regeln für den zivilen Luftverkehr nach dem Warschauer Abkommen vom 12. Oktober 1929
[121]　Näheres in Handbuch der Luftfahrt

Erdoberfläche.[122] Er ist je nach dem ungefähr identisch mit dem Raum, den die unteren und mittleren Schichten der Erdatmosphäre einnehmen.

Als Obergrenze wird in der Regel die Kármán Linie mit einer Höhe von 100 km angesehen. Teile des Luftraums stehen für die Luftfahrt zur Verfügung.

Es ist ein grundsätzliches Recht eines jeden Staates, die Benutzung seines Luftraums eigenständig zu regeln. Art. 1 der CC verweist daher auf die Anerkennung des mit diesem Abkommen vereinbarten Rechtes eines jeden Staates dieses Abkommens, über seinem Hoheitsgebiet volle und ausschließliche Lufthoheit zu besitzen.

Als Hoheitsgebiete regelt Art. 2 der CC im Sinne des Abkommens, das es sich um ein Hoheitsgebiet handelt, soweit das Gebiet eines Staates, die der Staatshoheit, der Oberhoheit, dem Schutze oder der Mandatsgewalt dieses Staates unterstehenden Landgebiete und angrenzenden Hoheitsgewässer handelt.'[123]

Ein Recht auf "friedlichen" Durchflug oder Einflugs in das Hoheitsgebiet eines Staates gibt es demnach nicht, völkerrechtlich ist es auch nicht relevant, zu unterscheiden, ob die Benutzung des Luftraums eines anderen Staates nun unterhalb oder oberhalb der angesetzten Linie (Kármán-Linie bei etwa 100km) erfolgt, ein Luftfahrzeug wird den Luftraum in weitaus weniger Höhe als 100km benutzen.

-Weiteres ist im Anhang I dargestellt-

2.4.3.3.   Planmäßige Flüge und Charterflüge

Planmäßige Flüge nach Art. 6 CC müssen jedoch noch weitere Anforderungen erfüllen.

Demnach ist ein planmäßiger Flug nur dann ein solcher im Sinne des Art 6. CC, wenn dieser öffentlich, für eine Gegenleistung und systematisch angeboten wird und es sich um einen Flug zwischen mindestens 2 Punkten handelt. Weiter müssen planmäßige Flüge in Verbindung mit der Beförderung von Passagieren, Post oder Cargo stehen, die nach einem veröffentlichten Flugplan abgewickelt werden. In der Regel werden diese Flüge gewerbsmäßig betrieben.

Das gilt auch für Charterflüge, wobei eine nähere Betrachtung dieser unter § 7 Anhang zu finden ist.

Charterflüge werden meist nicht von Linienfluggesellschaften durchgeführt, vielmehr

---

[122]   Grenzschicht zwischen Erdkruste oder Gewässern und der Atmosphäre
[123]   analog Art. 2 Seerechtsübereinkommen

unterhalten diese Tochterunternehmen oder Beteiligungen[124]

Die Durchführung von Charterflügen war lange Jahre umstritten.

Zum einen aus dem Grunde, das Charterflüge nicht unbedingt eine Aufnahme und Absetzung von Passagieren, Postsendungen und Ladung in dem Staat, dessen Staatszugehörigkeit das Luftfahrzeug besitzt gewährleisten[125], Artikel I, Abschn. 1 Nr. 3 und 4 der Vereinbarung über die internationale Luftbeförderung.[126]

Zum anderen resultiert natürlich daraus, dass die früher meist staatseigenen Luftverkehrsunternehmen somit in gewisser Hinsicht benachteiligt, und Einnahmen aus diesem Geschäft geschmälert wurden.

Im Rahmen der globalen Anwendung diese Instruments (Charterflüge) wurde dem aber mittlerweile auch rechtlich Geltung verschafft, sodass die CC sowie die Vereinbarung über die internationale Luftbeförderung somit auch auf Charterflüge anwendbar ist.

2.4.3.4.   sonstige Genehmigungsregeln

Als Folge der Anerkennung uneingeschränkter staatlicher Lufthoheit bestimmt Art. 6 CC , dass der planmäßige internationale Fluglinienverkehr über oder in das Hoheitsgebiet eines Vertragsstaates nur mit besonderer Erlaubnis oder einer sonstigen Ermächtigung dieses Staates in Übereinstimmung mit den Bedingungen dieser Erlaubnis oder Ermächtigung des Bodenstaates betrieben werden darf.

Durch dieses Erfordernis, der Erlaubnis oder Ermächtigung des Bodenstaates, wird die Lufthoheit des Bodenstaates gesichert. Auf welche Weise diese Erlaubnis oder Ermächtigung zu erteilen ist, lässt der Text des Abkommens offen.

Unter dem erheblichen Liberalisierungsdruck versuchten die Teilnehmerstaaten des Abkommens von Chicago, die von Art. 6 CC geforderte Erlaubnis auf multilateralem Wege zu regeln.

Hierzu wurden sodann zwei Zusatzabkommen geschlossen:

1.   Die Vereinbarung über den Durchflug im Internationalen Fluglinienverkehr vom 07.12.1944 (BGBl.1956 II. S 442) auch Transitvereinbarung genannt

---

[124]   z.B. die Lufthansa-Germanwings, KLM für ihr Amerika Geschäft Northwest Airline, AUA-Tyrolean Airways
[125]   generell ist der Eintragungsstaat zugleich auch Heimatstandort der Flotte
[126]   IATA Transportvereinbarung

2. Die Vereinbarung über die internationale Luftbeförderung vom 07.12.1944
auch Transportvereinbarung genannt

In den Beratungen und damit einhergehenden Resultaten zu beiden Vereinbarungen wurden sodann die Freiheiten der Luftverkehrsunternehmen geregelt und rechtlich verankert. Hieraus entstanden die sogenannten Verkehrsrechte, die zum einen in technische Verkehrsrechte und in sogenannte gewerbliche Verkehrsrechte unterteilt werden.

Die unter Punkt 1 aufgeführte Transitvereinbarung regelt die sogenannten technischen Verkehrsrechte, in ihrem Art. 1 Abschnitt 1 regelt sie folgende Freiheiten.

" Jeder Vertragsstaat gewährt den anderen Vertragsstaaten im planmäßigen internationalen Fluglinienverkehr folgende Freiheiten der Luft":

das Recht, sein Hoheitsgebiet ohne Landung zu überfliegen

das Recht, zu nicht gewerblichen Zwecken zu landen.

Während das Recht, dass Hoheitsgebiet eines Vertragsstaates ohne Landung zu überfliegen als Recht eindeutig definiert erscheint, lässt hingegen die zweitere Vorschrift Klärung offen, wann es sich um nicht gewerbliche Zwecke handelt.

Auch die Legaldefinition des Art 96 (d) CC , worin unter Landung zu nicht gewerblichen Zwecken eine Landung zu jedem anderen Zweck als dem für die Aufnahme oder das Absetzen von Fluggästen, Fracht und Post beschrieben wird, bringt keine ausreichende Klärung dieser Norm. Das internationale Luftrecht anerkennt, das eine Landung die jedem anderen Zweck dient als es der Art 96(d) bezeichnet, eine Notlandung in einem Vertragsstaat des Abkommens ist.

Notlandungen können infolge von Schäden an einem Luftfahrzeug, fehlenden Treibstoffs aber auch als Ursache von Anschlägen auf das sich in der Luft befindliche Flugzeug notwendig werden. Eine Generalerlaubnis der Vertragsstaaten gilt somit als erteilt, soweit diese Voraussetzungen vorliegen.

Die Transitvereinbarung ist nach Ratifizierung durch die Vertragsstaaten der Chicago Convention in Kraft getreten.

Sie stellt auf multilateralem Wege eine Erlaubnis im Sinne des Art. 6 CC dar.

Sie schränkt im weiteren, dass jedem Vertragsstaat zustehende Lufthoheitsrecht nach Art. 1 CC ein. Eine weitere Verankerung der vor beschrieben Freiheitsrechte sind gleichlautend in der Transportvereinbarung deklariert, Art.1, Abschnitt 1 Punkt 1 und 2.

Die hier interessierenden gewerblichen Verkehrsrechte finden sich in den Nummern 3 bis 5 und werden wie folgt umschrieben:

" Jeder Vertragsstaat gewährt den anderen Vertragsstaaten im planmäßigen internationalen Luftlinienverkehr folgende Freiheiten der Luft"

3. das Recht, Passagiere, Postsendungen und Ladung abzusetzen, die in dem Gebiete des Staates aufgenommen worden sind, dessen Staatszugehörigkeit das Luftfahrzeug besitzt

4. das Recht, Passagiere, Postsendungen und Ladung aufzunehmen, mit Bestimmung für das Gebiet des Staates, dessen Staatszugehörigkeit das Luftfahrzeug besitzt.

5. das Recht, Passagiere, Postsendungen und Ladung mit Bestimmung für das Gebiet irgendeines anderen Vertragsstaates aufzunehmen und das Recht, Passagiere, Postsendungen und Ladung, die aus irgendeinem Vertragsstaat kommt abzusetzen.

Alle drei Punktes erhalten aber insoweit eine Einschränkung durch den nachfolgenden Wortlaut des Art.1, Abschnitt 1, als das man an dieses Recht die Verbindung mit dem durchgehenden Langstreckenfluglinienverkehr des Unternehmers aus dem Vertragsstaat und eine unmittelbare Kausalität zu dem Heimatgebiet des Staates besteht, dessen Staatszugehörigkeit das Luftfahrzeug besitzt. (Problematik bei Charterflügen)

Verweigert nämlich der Drittstaat das sich aus Nummer 5 der Norm ergebende Recht, muss nämlich die Fracht zunächst in den Heimatsstaat verbracht werden, erst dann kann sie von dort in das Drittland gelangen. So etabliert sich das sechste, in seiner Norm nicht eindeutig beschriebene Recht, in irgendeinem anderen Vertragsstaat Passagiere, Post und Ladung aufzunehmen, um diese nach Zwischenlandung im Heimatstaat des Luftfahrzeugs in einen anderen Vertragsstaat zu befördern. Nicht in der Transportvereinbarung ausdrücklich definiert, aber als Resultat des mit der Zeit und als Folge praktischer Bedürfnisse entwickelte Recht dauernd zwischen zwei Vertragsstaaten, Passagiere, Post und Fracht zu befördern, ohne das dieser Verkehr Teil einer Flugverbindung mit dem Heimatstaat des Luftfahrzeugs ist wird als siebtes Luftrecht bezeichnet.

Die Transportvereinbarung mit den darin enthaltenen drei gewerblichen Verkehrsrechten ist zwar zur Unterzeichnung aufgelegt, bislang jedoch nur von wenigen Staaten unterzeichnet worden. Die wenigen Staaten, ursprünglich 19, unter anderem die Vereinigten Staaten von Amerika haben teilweise, wenig später, da sie einen zu großen merkantilen Druck auf die einheimischen Unternehmen feststellten, die Vereinbarung widerrufen.

Dennoch behält die Transportvereinbarung, für die Staaten, die Vertragsstaaten wurden rechtliche Bindungswirkung, für die Staaten, die widerriefen oder noch nicht unterzeichnet haben jedoch eine standardisierte Vorlage für einen Beitritt.

Das Recht eines Luftfahrtunternehmens planmäßige Flüge nach Art. 6 CC in einen Staat durchzuführen, dessen Gegenstand die Beförderung von Passagieren, Post und Fracht ist, bedarf somit der für den Einzelfall oder allgemein zu erteilenden Erlaubnis und Genehmigung diese Staates.

Diese Erlaubnisse und Genehmigungen können sich aus der multilateralen Transitvereinbarung oder durch die Transportvereinbarung ableiten. Letztere ist aufgrund der geringen Zahl der Unterzeichnerstaaten eher bedeutungslos geblieben. Das Recht, nach Art. 6 CC, auf welches es sich durch Erlaubnis oder Ermächtigung berufen kann, in einen Vertragsstaat der CC einzufliegen um dort Passagiere, Post und Ladung an Bord zu nehmen oder dies abzusetzen ist demnach nicht absolut.

2.4.3.5.   Kabotage

Ist aber die Entsendung von Luftfahrzeugen in einen Vertragsstaat des Abkommens um dort innerstaatlich zu agieren von Art 6 gedeckt? Art 6. der CC ist eine Norm für den planmäßigen internationalen Fluglinienverkehr.

Ein internationaler Fluglinienverkehr, wie bereits vor geschildert bedeutet mindestens zwei Ziele in verschiedenen Staaten anzufliegen um dort jeweils Passagiere, Post und Ladung aufzunehmen oder abzusetzen.

Sinngemäß umschreibt Art 96 (b) den internationalen Fluglinienverkehr wie folgt:

" Internationaler Fluglinienverkehr bedeutet im Sinne des Abkommen einen Luftverkehr, der durch den Luftraum über dem Hoheitsgebiet von mehr als einem Staate erfolgt"

Dem Sachverhalt dieser Arbeit ist zugrunde gelegt, dass die Fluggesellschaft Luftfahrzeuge in einen anderen Staat entsendet um dort innerstaatlich zu operieren.

Für diese Maßnahme ist es erforderlich, dass die Luftfahrzeuge der Fluggesellschaft ihren Heimatstandort, den Staat der Luftfahrzeugzugehörigkeit verlassen und einen anderen Staat anfliegen, d.h. in dessen Hoheitsgebiet unter Nutzung seines Luftraumes einfliegen muss.

Demnach sind zwei Punkte berührt, sowie das Hoheitsgebiet der überflogenen Staaten. Da jedoch, wie üblich, der Flug nicht dazu angedacht ist, um in diesem Staate wiederum Passagiere, Post und Ladung aufzunehmen, abgesetzt möge dies sein, um ein einen anderen oder den Heimatstaat des Unternehmens zurückzukehren, vielmehr wird das Luftfahrzeug dort belassen, kann von einem planmäßigen Flug i.S. des Art. 6 CC nicht gesprochen werden. Auf die Freiheiten und Rechte die sich für das Unternehmen aus Art. 6 CC für die Durchführung eines planmäßigen internationalen Linienfluges ergeben würden, kann sich das Luftverkehrsunternehmen nicht berufen.

Bei dem Staat, in das die Fluggesellschaft die Luftfahrzeuge entsendet um dort innerstaatliche Flüge durchzuführen, handelt es sich um keinen Vertragsstaat i. S. der Transportvereinbarung, wohl aber der CC. Das Recht, das das Luftfahrtunternehmen aus der für seine Unterzeichner geltenden Transportvereinbarung ableiten könnte besteht demnach nicht.

Eine Erlaubnis, stellvertretend stellt die Unterzeichnung der Transportvereinbarung eine solche dar, für den Einflug und die Benutzung des Hoheitsgebietes des Staates, ist demnach notwendig.

Dem Luftfahrtunternehmen stehen somit nur 2 Verkehrsfreiheiten nach der CC sowie der Transitvereinbarung zu:

1.   das Recht, das Gebiet des Staates zu überfliegen

2.   das Recht, auf Landung zu nicht gewerblichen Zwecken auf dem Gebiet des Staates

Beide Rechte fallen nicht unter die Rubrik innerstaatlich Leistungen in der Beförderung von Passagieren, Post und Ladung gegen eine Gegenleistung (Ticketgebühren) auszuführen. Eine Erlaubnis oder Ermächtigung des Staats ist demnach für das Luftverkehrsunternehmen, eventuell für diesen Einzelfall, notwendig gewesen, es sei denn, diese Erlaubnis oder Ermächtigung kann sich aus bilateralen Verträgen und Vereinbarungen ableiten. Bilaterale Luftverkehrsabkommen stellen völkerrechtliche Verträge dar, in Ihnen werden zwischen den Regierungen oder Luftverkehrsbehörden zweier Staaten Regelungen der kommerziellen Verkehrsrechte geschlossen.

Eine Orientierung der inhaltlichen Seite solcher Vereinbarungen an der Transitvereinbarung oder/und aber auch der Transportvereinbarung ist durchaus weitgehend verbreitet, wobei bilaterale Abkommen meist und im Wesentlichen folgende Inhalte der Gegenseitigkeit haben:

1.   Marktchancen und Regelungen über den Marktzugang

2.   Berücksichtigung der Beförderungskapazitäten

3.   die Art der Tarifbildung

Regelungsgegenstände können aber auch die Gewährung von Liniendiensten, Einzelheiten über die Verkehrsrechtsausübung, umweltrechtliche und lärmrechtliche Regelungen sein.

Innerhalb der Europäischen Union wurde mit der VO EG 1592/2002[127] ein Grundstein für ein einheitliches EU-Luftrecht geschaffen. Gleichzeitig wurde die europäische Agentur für Flugsicherheit, EASA, gegründet.[128] Der EASA wurden zwischenzeitlich die Aufgaben aus den Bereichen Flugbetrieb, Lizenzierung des fliegenden Personals und die Sicherheit der Flugzeuge aus Drittländern mittels Verordnung 216/2008 welche die Verordnung 1592/2002[129] ersetzt zugeordnet. (auch unter Kapitel technische und personelle Voraussetzungen)

Die wesentlichen Ziele der Verordnung sind die Schaffung eines einheitlich hohen Sicherheits- und Umweltstandards im zivilen Luftverkehr in Europa, effizientere Zertifizierungsverfahren und eine weltweite Förderung europäischer Luftfahrtnormen.

Die EASA hat somit weltweite Bedeutung erhalten wohl auch als Hilfsmittel mitgliedsstaatlicher Einflussnahme zur Sicherung und Abgrenzung europäischer Luftverkehrsunternehmen.

Die EASA wird durch ihre Arbeit aber auch der CC gerecht. Erläutert wurde bereits die Angleichung einzelstaatlicher Regelungen an Art. 12, Art. 41, Art. 42.

Bilaterale Verträge hinsichtlich der Regelung des Luftraumes zwischen zwei Ländern die nunmehr Mitgliedsstaaten der Europäischen Union sind, dürften somit ebenfalls der Vergangenheit angehören.

Der sanktionierte Staat ist kein Mitgliedsstaat der Europäischen Union, Regelungen, die sich aus den Verordnungen und Richtlinien des Europäischen Parlaments und des Rates zur Festlegung gemeinsamer Vorschriften für die Zivilluftfahrt ergeben, entfalten für diesen keine Wirkung

Bilaterale Vereinbarungen einzelner Mitgliedsstaaten der europäischen Union, aus dem sich ersetzend zu den fehlenden Rechten aus der Transportvereinbarung, für Luftfahrtunternehmen die in Verbindung mit diesem Staat stehen, Rechte ergeben, sind durch die Richtlinien[130], soweit die Umsetzungsfrist abgelaufen ist sowie durch Verordnungen[131] in gemeinschaftskonforme Regelung übergegangen.

Fazit: Durch Erteilung einer Erlaubnis oder sonstigen Ermächtigung des Staates Iran an die Fluggesellschaft mit Sitz in einem Mitgliedsstaat der europäischen Union, ist es dieser

---

[127] ABL. L 240 vom 7.9.2002
[128] europäische Agentur für Flugsicherheit, Informationen unter www. Easa.eu.int, VO (EG) 1592/2002 Abl. 240 vom 7. September 2002 zur Errichtung einer europäischen Agentur für Flugsicherheit
[129] Amtsblatt der Europäischen Union L 199/6 vom 30.Juli 2009
[130] Richtlinie der EG, Bindungswirkung erst mit Umsetzung, Zurechenbarkeit bei nicht erfolgter oder verspätete U.
[131] Verordnung des Rates als unmittelbare Regelung nach 30 Tagen ab Veröffentlichungsdatum im europ. Anzeiger

möglich Luftfahrzeuge in das Land zu entsenden und dort innerstaatlich zu operieren.

Die Möglichkeit der Fluggesellschaft in einen Staat Flugzeuge, Luftfahrzeugführer und Betriebspersonal zu entsenden um dort innerstaatlich Dienste der Beförderung von Passagieren, Post und Ladung durchzuführen kann auch nach Art. 7 CC möglich sein.

Kabotage ist das Erbringen von Transportdienstleistungen innerhalb eines Landes durch ein ausländisches Verkehrsunternehmen. In der Luftfahrt demnach die Beförderung von Passagieren, Post und Ladung eines Luftverkehrsunternehmens innerhalb eines anderen Staates als dem Staat der Staatszugehörigkeit des Luftfahrzeugs. Inzwischen auch als eine Freiheit der Luft herausgebildet ist Kabotage im Luftverkehr dennoch eingeschränkt.

So umschreibt Art 7 CC diese Einschränkung wie folgt:

"Jeder Vertragsstaat ist berechtigt, den Luftfahrzeugen anderer Vertragsstaaten die Erlaubnis zu verweigern, innerhalb seines Hoheitsgebietes Fluggäste, Post und Fracht zur entgeltlichen Beförderung nach einem anderen Ort innerhalb seines Hoheitsgebietes aufzunehmen."

Weiter heißt es noch *" Jeder Vertragsstaat verpflichtet sich, keine Übereinkommen zu treffen, die auf Grundlage der Ausschließlichkeit einem anderen Staat oder einem Luftverkehrsunternehmen eines anderen Staates ein solches Recht ausdrücklich zusichern, und auch kein solches Recht von einem anderen Staat zu erwerben."*

Kabotage ist demnach eine hoheitliche Angelegenheit eines jeden Staates.

Kabotage im Luftverkehr ist außerhalb der EG noch sehr beschränkt, innerhalb sind die Freiheiten die sich aus dem Vertrag zur Gründung der Europäischen Union ergeben, jedermann gleichermaßen zu gestatten.

So führte ein Abkommen zwischen der Europäischen Union und den Vereinigten Staaten von Amerika erst im Jahre 2008 zu einer Liberalisierung des Luftverkehrs hinsichtlich der Regelungen für Transatlantikflüge.

Innerhalb der Europäischen Union wurde die Kabotagefreiheit beispielsweise im Güterstraßenverkehr mit Einführung der Europäischen Transportlizenz[132] durchbrochen. Dennoch gibt es für Teilbereiche des Verkehrswesens auch innerhalb der Europäischen Union Beschränkungen für die Erbringung von Transportleistungen eines Unternehmens ansässig in einem Mitgliedsstaat der Union in einem anderen Mitgliedsstaat nach Art 80ff EGV[133],

---

[132] dient der Schaffung einheitlicher Voraussetzungen für Transportunternehmer innerhalb der Gemeinschaft

[133] So z.B. für den Straßentransportverkehr

wonach der Bereich der Luftfahrt schon frühzeitig dem innergemeinschaftlichen Wettbewerb unterzogen wurde.

Die Weichen hierfür dürfte ein Urteil des EuGH aus dem Jahre 1985[134] gestellt haben, wonach dieser in seinem Urteil feststellte und bestimmte, dass auch der Luftverkehr dem innergemeinschaftlichen Wettbewerb zu unterziehen ist und somit der Markt für jedermann zur Verfügung gestellt werden müsse.

Art. 7 CC setzt zudem voraus, dass es sich bei der Erbringung der Leistung um eine entgeltliche Leistung handeln muss.

Entgeltlich ist eine Leistung wenn hierfür eine Gegenleistung, nicht in jeder Beziehung monetärer Art, zu erwarten ist. Im Privatrecht wird unter Entgelt jede Zuwendung eines materiellen Vorteils im Austausch für eine Leistung verstanden, ohne Rücksicht auf das Vorliegen einer allfälligen Gewinnabsicht[135]

Somit ist ein Entgelt grundsätzlich eine jede Gegenleistung für eine Beförderung.[136] Dennoch bereitet die "Zurechtrückung" des Begriffes der Entgeltlichkeit im Luftfahrtrecht häufig noch Probleme, da dessen Auslegung nicht zuletzt im Hinblick auf Beschränkungen in der Verkehrsfreiheit oder Bestimmungen über eine Betriebszulassung differenziert interpretiert wird[137]. Um einheitliche Bestimmungen ist man daher nicht nur innerhalb der europäischen Union bemüht. Bei einem Transport von Passagieren, Post und Ladung geht man somit von einer Entgeltlichkeit aus, da verschiedene Wirtschaftsfaktoren, zum einen die Dienstleistung des Beförderns, zum anderen die hierfür zu erwartende Gegenleistung, Ticketverkauf und Einnahmen bei Passagieren, Abrechnung der Transporttonnage bei Ladung oder auch eine sonstige Leistung im gleichen Gegenwert oder zuzüglich eines Mehrwerts[138] zu erwarten ist.

Fazit: Die Durchführung von Kabotageleistungen der Fluggesellschaft in dem Staat ist insoweit möglich als hierfür eine Erlaubnis oder Ermächtigung des Staates in dem die Leistung erbracht wird vorliegt. Art. 7 CC

Anmerkung:

Ist die Fluggesellschaft rechtmäßig autorisiert, in dem Staat Kabotageleistungen durchzuführen, kann im Übrigen jede andere Fluggesellschaft eines anderen Vertragsstaates der CC dasselbe Recht beanspruchen. Art. 11 CC. Art. 7 CC kann somit auch als eine Art Antidis-

---

[134] EuGH v. 3.7.86 RS 66/85
[135] Mitteilung der Kommission KOM (2007) 869
[136] Halbmayer/Wiesenwasser, das österreichische Luftfahrtrecht, Anm. 2 c zu § 101 LfG
[137] Schwenk, Handbuch des Luftverkehrsrechts 2.Auflage S. 454
[138] Größe, die die Differenz von Produktionswert und Verkaufswert bildet

kriminierungsnorm ausgelegt werden.

Die Erbringung von Kabotageleistungen in dem Staat kann aber auch auf gesetzlicher Grundlage des Art. 5 CC erfolgen.

2.4.3.6. außerplanmäßiger Flug, Abgrenzung zum planmäßigen Flug

Bei der Verbringung von Luftfahrzeugen und Personal durch ein Luftverkehrsunternehmen, in einen anderen Staat, um dort Dienstleistungen auszuführen muss es sich nicht immer um einen planmäßigen Flug handeln, da dem Flug eine Planung und Veröffentlichung[139], vorausgehen muss. Die Luftüberwachungsbehörden der beteiligten Staaten, deren Hoheitsgebiet durchflogen oder berührt wird, haben von dem Flug zumindest Kenntnis hinsichtlich der Luftverkehrsüberwachung[140] zu erhalten.

Ein Flugplan[141] ist die Ankündigung und Beschreibung eines Fluges. Regelungen über die Veröffentlichung des Flugplans sind national in Gesetzen geregelt, es gibt auch Ausnahmen von der Flugplanpflicht.

Die Aktivierung des Flugplans erfolgt auf kontrollierten Flugplätzen[142], im Umfang des hier verwendeten Luftfahrzeuges ist davon auszugehen, dass es sich um kontrollierte Flugplätze handelt. Der Flugplan beginnt mit Flugantritt und wird mit der Landung abgeschlossen.

Eine Einreichung des Flugplans an die Flugsicherungsbehörde kann fernmündlich oder auch schriftlich erfolgen, sie hat in Gebieten hohen Verkehrsflusses spätestens 3 Stunden vor Flugantritt zu erfolgen.

Bei Flügen, die in einen anderen Staat als den des derzeitigen Standortes des Luftfahrzeuges erfolgen, besteht grundsätzlich eine Flugplanpflicht.

Diese wird auch, je nach dem um welche Art von Flug[143] es sich handelt, ausgeweitet oder eingeschränkt. Somit muss der Verbringung eines Luftfahrzeuges in den Staat zu Zwecken der Durchführung von Kabotage in diesem ein Flugplan zugrunde liegen. Es handelt sich ergo um einen planmäßigen Flug.

Fazit: Demnach ist es dem Luftfahrtunternehmen aus dieser Vorschrift nicht möglich, ohne

---

[139] Veröffentlich in Medien, Internet oder Bekanntgabe durch Detailauszeichnung
[140] Kontrolle der im Luftraum befindlichen Luftfahrzeuge und deren Koordination
[141] Ankündigung und Beschreibung eines Fluges
[142] Flugplätze an denen Flugverkehrskontrollen durchgeführt werden, Flugfreigabe erforderlich
[143] Linienflüge, Werksflüge, Charterflüge, Testflüge, Überführungsflüge

Erlaubnis oder besondere Ermächtigung (analog Art. 6 CC) das Hoheitsgebiet des sanktionierten Staates anzufliegen und das zugehörige Boden,- als auch Luftgebiet zu benutzen. Art. 6 CC schützt nur die besonderen Fälle der Notlandung.[144]

Art. 5 CC definiert:

" Jeder Vertragsstaat erklärt sich damit einverstanden, dass alle nicht im planmäßigen internationalen Fluglinienverkehr eingesetzten Luftfahrzeuge der anderen Vertragsstaaten vorbehaltlich der Beachtung der Bestimmungen dieses Abkommens berechtigt sind, ohne Einholung einer vorherigen Erlaubnis in sein Hoheitsgebiet einzufliegen oder es ohne Aufenthalt zu durchfliegen und dort nicht gewerbliche Landungen vorzunehmen, vorbehaltlich des Rechts des überflogenen Staates, eine Landung zu verlangen."

Auf das Recht zur Landung in dem Staat I aufgrund des Sachverhaltes, dass es sich um einen nicht planmäßigen Flug handele, kann sich das Flugunternehmen nicht berufen. (Bereits vorher geklärt)

Das Flugunternehmen könne aber erklären, die Landung erfolge zu nicht gewerblichen Zwecken, und sich so auf das Recht berufen, ohne Erlaubnis oder besondere Ermächtigung zu landen. Hierzu sind weitere Abgrenzungen notwendig. Diese werden in den weiteren Absätzen abgehandelt.

2.4.4. Einflussgrößen auf die rechtliche Zuordnung eines gewerblichen Fluges
2.4.4.1.   gewerblich erlaubte Tätigkeit

Eine Landung zu nicht gewerblichen Zwecken ist eine Landung zu jedem anderen Zweck als zum Aufnehmen oder Absetzen von Fluggästen, Fracht oder Post. Art 96 (d) CC. Bei Luftverkehrsleistungen handelt es sich um Dienstleistungen, die nicht auf Vorrat produziert werden können.

Sie stellen dennoch einen wirtschaftlichen Prozess dar, mit Beginn des Transportes wird dieser Prozess energetisch erstellt und mit der Landung ist der Wirtschaftsprozess verbraucht worden.[145]

Wurden keine Passagiere, Post oder Fracht transportiert ist der Produktionsprozess gegebenenfalls unwirtschaftlich gewesen, und nach dem Wortlaut des Art. 96 (d)CC auch kein

---

[144]   Aus Gründen der Sicherheit oder aus einer Notlage heraus
[145]   VDI, Springer Heidelberg

gewerblicher Flug, soweit dies auch für den Rückflug des Luftfahrzeuges gilt.

Die Betreibung gewerblicher Flüge setzt zunächst das Bestehen eines Gewerbes und selbständige Tätigkeit voraus, die von der Absicht getragen ist Gewinn zu erzielen und auf eine gewisse Dauer berechnet ist[146]

Der Begriff der Dauerhaftigkeit ist erfüllt, wenn die Tätigkeit fortgesetzt wird. Gewerbe ist:

" Jede erlaubte, auf Gewinnerzielung gerichtete, dauerhaft ausgeübte selbständige Tätigkeit, die nicht Urproduktion, freier Beruf oder Verwaltung eines Vermögens ist."[147]

Die Tätigkeit muss also erlaubt sein. Jede Tätigkeit, die nicht gegen geltendes Recht verstößt, oder gemeinschädlich ist, ist erlaubt. Die Benutzung von Luftahrzeugen für die Beförderung von Passagieren, Postsachen oder Ladung ist eine erlaubte Tätigkeit, soweit die Voraussetzungen für das Unternehmen nach nationalem Recht des jeweiligen Staates vorliegen.

Darüberhinaus müssen die Voraussetzungen für den Betrieb des Gewerbes nach technischen und personellen Gesichtspunkten gewährleistet sein, die Klärung folgte in den vorderen Kapiteln.[148],[149],[150][151][152],[153]

Das bezogene Luftverkehrsunternehmen führt eine erlaubte Tätigkeit aus.

2.4.4.2.   Gewinnerzielungsabsicht

Darüberhinaus muss die Erzielung eines Gewinnes beabsichtigt sein. Die Absicht stellt klar, dass es nicht von Bedeutung ist, ob dieses Ziel erreicht wird. Die Tätigkeit muss sich jedenfalls deutlich von einer Tätigkeit unterscheiden, die als Hobby oder Liebhaberei betrieben wird.

Luftverkehrsunternehmen, in der Größe der zugrunde gelegten Fluggesellschaft, die mehrere Luftfahrzeuge der Typen Airbus und Boeing o.a., sowie kleinere Maschinen betreiben, sind zweifelsfrei keine Liebhaberunternehmen, da man über einen Betrieb in kaufmännischer Art und Weise verfügt, Preiskalkulationen sowie die Erstellung von Bilanzen getätigt

---

[146]   Kapitel.2.4.4.3
[147]   Alpmann -Brockhaus
[148]   Gewa 1979 m.w.N
[149]   BVerwG GEWA 1976 293/294
[150]   Alpmann-Brockhaus S. 621
[151]   soweit nationale Gesetze erfüllt sind
[152]   z.B. Flugliniengenehmigung
[153]   VO(EG)2407/92

werden, der Ticketverkauf sowie die Zuzahlung für, den allgemeinen Geschäftsbedingungen als Höchstmaß angesetzten Gebäcktara eines Passagiers[154] bestehen.

Schon die Aufzahlung von Entgelten für Mehrgewicht schließt eine Preiskalkulation als Voraussetzung für die Wirtschaftlichkeit des Fluges ein, eine beabsichtigte Gewinnerzielung ist gegeben.

2.4.4.3.   Dauerhaftigkeit

Ein weiterer Punkt der Gewerblichkeit ist die Ausübung der Tätigkeit auf Dauer.

Hierfür ist ein wesentliches Kriterium die Regelmäßigkeit. Regelmäßig wird eine Tätigkeit dann ausgeübt, wenn es sich nicht nur um eine einmalige Tätigkeit handelt, die Betriebsaufgaben also in Folge ablaufen. Eine regelmäßige Tätigkeit setzt zudem bei Unternehmen der vorgenannten Größenordnung u.a. eine Betriebsablaufplanung und Betriebsorganisation voraus. Das Unternehmen betreibt und unterhält mehrere Luftfahrzeuge im tagtäglichen Einsatz. Das heißt die Dienstleistung wird täglich ausgeführt, sie ist daher regelmäßig und auf Dauer angelegt. Eine Regelmäßigkeit ist auch dann gegeben, wenn es sich um eine nicht tägliche, aber wiederholte, nach Zeitabschnitten zu bemessende Tätigkeit handelt. Das Luftverkehrsunternehmen übernimmt in den Sommermonaten (Mai bis September) von einem anderen Ort als den Heimatstandort der Flugzeugflotte, sogenannte Charterflüge[155]. Auch diese alljährlich wiederkehrende Tätigkeit ist eine regelmäßige.

Dem Kriterium der Dauerhaftigkeit entspricht das Luftverkehrsunternehmen demnach auch.

2.4.4.4.   Selbständigkeit

Als letzte Voraussetzung der gewerblichen Ausübung von Luftverkehrsdienstleistungen ist die Selbständigkeit zu sehen. Als selbständig ist man tätig, wenn man frei von Weisungen Dritter ist, und das wirtschaftliche Risiko des eigenen Tuns und Handelns, das sich aus der Tätigkeit erstreckt, eigenverantwortlich trägt.

Unser vorgenanntes Luftverkehrsunternehmen unterhält Luftfahrzeuge für die Erbringung von Verkehrsdienstleistungen im Luftverkehr.

Es führt somit eigenverantwortlich Flüge durch, da es hierfür eigene Ticketingabteilungen

---

[154]   Gebäcktara des Passagiers
[155]   siehe hierzu Abschnitt 2.4.3.4

sowie Check-In Abteilungen unterhält bzw. zur Vertragsabwicklung unterhalten muss.

Es kalkuliert aber auch, über die Angebotspreise für die Ausübung dieser Dienste, seine Kosten und setzt somit den break-even[156] fest.

Es trägt das Risiko seines Handelns selbst.

Außer den Weisungen, die von den Luftverkehrsaufsichtsbehörden und sonstigen Sicherungseinrichtungen sowohl national als auch international ergehen, ist es frei in seinen Entscheidungen. Eine freie Entscheidung ist demnach beispielsweise die Planung des Personaleinsatzes für jeden Flug.

Das Unternehmen betreibt somit eine selbständige Tätigkeit und entspricht daher auch in diesem Punkt einer Gewerbetätigkeit.

2.4.4.5. Abgrenzung einmalige und folgende Tätigkeit

Dennoch könnte dieser eine Flug, der notwendig ist, ein bezogenes Luftfahrzeug samt Personal in den Staat zu verbringen, in welchem später Luftverkehrsdienste durchgeführt werden sollen, an der Gewinnerzielung scheitern, sodass es sich hierbei um einen nicht gewerblichen Flug handelt. Voraussetzung kann hier das fehlende Absetzen von Passagieren, Post und Fracht sein, sodass dies nur ein Selbstkostenflug wäre.

Mit dem 11. Gesetz zur Änderung des Luftverkehrsgesetzes vom 25.08.1998, in Kraft getreten am 01.0.1999[157], hat der Gesetzgeber der Diskussion über die Selbstkostenflüge ein Ende gesetzt.

In der neuen Fassung des § 20 LuftVG ist von Selbstkostenflügen keine Rede mehr, der gesamte Abschnitt in der LuftVZO mit der Überschrift Selbstkostenflüge wurde gemäß Art. 6 Ziffer 15 des Änderungsgesetzes ersatzlos aufgehoben.

Mit der Änderung noch immer häufig in Zusammenhang stehend ist das Urteil des OLG Zweibrücken vom 15.1.1999[158]. Das Problem besteht aber immer noch fort und wird auch nach der Änderung häufig diskutiert·[159]

Entsprechend der nationalen Entscheidung und den Änderungen im LuftVG beschäftigt man sich auch auf europäische Ebene mit dieser Problematik[160]. Abgrenzungsprobleme zwischen Selbstkostenflügen und gewerblichen Flügen, bestehen letztendlich nicht nur darin, welche Kosten, variabel und/oder fixe Kosten, der Pilot bei der Durchführung eine

---

[156] Break even, Schwelle der Gewinnerzielung in Abhängigkeit von der Produktionsmenge
[157] BGBl.1998 Teil 1 2432ff
[158] OLG Zweibrücken Urteil vom 15.01.1999
[159] vgl. Winkler im Fliegermagazin 7/2002 und 2/2003
[160] Selbstkostenflüge auf europäischer Ebene, Bericht der Kommission wegen länderspezifischer Auslegung

Fluges ansetzt, sondern ob Abschreibungen und Rücklagen sowie Verzinsungen ebenfalls als Kosten anzusetzen sind. [161]

Das ist aber mehr von Bedeutung bei der Bemessung nach der Entgeltlichkeit. Maßgeblich ist das Gesamtbild der zu beurteilenden Tätigkeit. Neben den Kriterien der Entgeltlichkeit und Nachhaltigkeit kommt es insbesondere auch auf den Moment der subjektiven Gewinnerzielungsabsicht an.

Demzufolge ist zum Beispiel ein Absetzflug für Fallschirmspringer außerhalb von Vereinen von Gesellschaften des Bürgerlichen Rechts oder von Handelsgesellschaften für den Zweck dieses Einsatzes gegen Zahlung eines Entgelts grundsätzlich ein nicht gewerblicher Flug und damit auch ein nach §20 Abs. 1 LuftVG genehmigungsfreier Flug.

Die Verbringung von Luftfahrzeugen und Personal in einen anderen Staat um dort innerstaatlich operieren zu können ist demnach in der Einzelheit des Fluges kein gewerblicher Flug aber in der Gesamtbetrachtung ein Teil einer gewerblichen Tätigkeit.

D.h. der gewerbliche Charakter des Fluges entfällt nach der Begriffsbestimmung über das Gewerbe in seiner Gewinnerzielungsabsicht für diesen einen Flug, soweit der Flug nur die Verbringung des Luftfahrzeuges und des Betriebspersonals zum Anlass hat und keine weiteren Passagiere, Post oder Gebäck gegen Entgelt geladen sind. [162]

Der gewerbliche Charakter der Tätigkeit des Luftfahrtunternehmers setzt mit der Aufnahme von Passagieren, Post oder Ladung am Ankunftsort des Luftfahrzeuges wieder ein, Art. 96 (d) CC ungeachtet, ob es sich um eine internationale oder nationale Beförderung handelt.

Eine internationale Beförderung liegt dann nicht vor, wenn die Beförderung zwischen zwei Orten innerhalb eines Hoheitsgebietes eines Vertragsstaats ohne eine Zwischenlandung im Hoheitsgebiet eines anderen Staates erfolgt. Art. 1 Abs. 2 Satz 2 Montrealer Übereinkommen[163].

Eine internationale Beförderung ist ebenso nicht gegeben, wenn lediglich eine Zwischenlandung in einem Vertragsstaat vereinbart ist, Abgangs-und Bestimmungsort jedoch in einem Nichtvertragsstaat des Montrealer Übereinkommens liegen.

Eine Gewerblichkeit tritt auch dann wieder ein, wenn das Luftverkehrsunternehmen, ungeachtet der Bestimmungen der CC, die Leistungen im herkömmlichen Sinne des Unternehmenszweckes wieder aufnimmt.

Dies kann zum Beispiel der Verkauf von Tickets in dem Land sein oder der Transport von

---

[161]   Schwenk, Luftverkehrsrecht, 2.Auflage S. 453

[162]   Selbstkostenflüge sind keine gewerblichen Flüge

[163]   multilaterales Übereinkommen zur einheitlichen Regelung des Luftverkehrs

Passagieren, Post und Ladung gegen Entgelt auf Grundlage der kalkulierten Preise des Unternehmers.

Eine Gewerblichkeit kann darüberhinaus auch dann vorliegen, wenn gegen eine andere als monetäre Gegenleistung die Luftfracht befördert wird.

Fazit: Im Ergebnis könnte es möglich sein, dass das Luftfahrzeug des vorgenannten Unternehmers nach Art. 5 der CC 1. Absatz auch ohne Einholung einer vorherigen Erlaubnis in das Hoheitsgebiet des Staates einfliegen und dort landen kann. Die Gewerblichkeit für diesen Überführungsflug kann nicht festgestellt werden.

Aber im Zusammenhang mit dem Vorhaben der Luftfahrtunternehmers, die Erbringung von Dienstleistungen in der Luftbeförderung, die unmittelbar nach dem Verbringen in den Empfangsstaat wieder einsetzen wird, ist eine Gewerblichkeit in der Gesamtheit aller in Erwägung zu ziehenden Voraussetzungen gegeben.

Eine Erlaubnis oder besondere Ermächtigung des Staates ist notwendig. (Verweis auf Art. 7 durch Art. 5, Abs.2 CC.

3. Rechtfertigung der Dienstleistung
3.1. Dienstleistungserbringung aufgrund europäischer Normen
3.1.1. Verwaltungssitzprinzip und die resultierende Dienstleistungsfreiheit

Das Luftverkehrsunternehmen hat seinen Verwaltungssitz in einem Mitgliedsstaat der Europäischen Union. Eine Dienstleistungsfreiheit innerhalb der Gemeinschaft nach Art. 49 EGV`[164] kann das Luftverkehrsunternehmen aufgrund des sogenannten Herkunftslandprinzips[165] ableiten.

Zwar findet sich im EGV keine Begriffsbestimmung und wird es auch vom EuGH nicht ausdrücklich verwendet, dennoch wird vielfach die Ansicht vertreten, es handele sich hierbei lediglich um eine Kodifikation der Rechtsprechung des EuGH[166] zu den Grundfreiheiten.[167] Das Herkunftslandprinzip wäre demnach schon primärrechtlich verankert, eine Umsetzung wäre daher nur deklaratorisch.

---

[164] Sartorius II Kap. 150
[165] Prinzip des Verwaltungssitzes des Unternehmens
[166] vgl. Rieger EUZW 2005, 430, 431
[167] Schlachter/Ohler bearb. Streinz/Leible

Dem kann man auch aufgrund der infolge der Cassis de Dijon-Rechtsprechung[168] weiter entwickelten Grundsätzen des Herkunftslandprinzips zustimmen.

Die Dienstleistungsfreiheit für die Mitgliedsstaaten der EG ist in Art. 49 EGV geregelt. Sie gilt für selbständige Tätigkeiten außerhalb eines Arbeitsvertrages für sowohl natürliche[169] als auch juristische Personen, die in Art. 48 EGV einbegriffen sind.

Als Dienstleistungen gelten insbesondere:

    a) gewerbliche Tätigkeiten

    b) kaufmännische Tätigkeiten

    c) handwerkliche Tätigkeiten

    d) freiberufliche Tätigkeiten

Unbeschadet des Kapitels über die Niederlassungsfreiheit kann der Leistende zwecks Erbringung seiner Leistungen seine Tätigkeit vorrübergehend in dem Staat ausüben, in dem die Leistung erbracht wird, und zwar unter den Voraussetzungen, welche dieser Staat für seine eigenen Angehörigen vorschreibt.

Der Transport von Passagieren, Post und Ladung erfüllt die Bestimmung des Punktes a), es ist eine gewerbliche Tätigkeit, das gilt auch für die Nebenbetriebe, wie z.B. Ticketbüro, Abfertigung, etc.

Verkauft dieses Luftverkehrsunternehmen nun beispielsweise Tickets für den Transport von Passagieren in einem anderen Staat der Gemeinschaft, als dem Staat, dem die Luftahrzeuge zugehören, so handelt es sich um eine aktive Dienstleistungserbringung.

Aktive Dienstleistungserbringung daher, weil es in einem anderen Staat als dem, aus dem es stammt (Herkunft)gewerblich tätig ist (hier Ticketverkauf).

Begibt sich aber nun ein Passagier eines anderen Staates beispielsweise in den Heimatsstaat dieses Unternehmens um von dort einen Flug in einen weiteren oder seinen eigenen Staat zu buchen und auch transportiert zu werden, handelt es sich um passive Dienstleistungsfreiheit. Passiv dadurch, weil ein EU - Bürger eine Dienstleistung in einem anderen Staat der Gemeinschaft in Anspruch nimmt.

Sowohl für die aktive als auch die passive Dienstleistung gelten die Vorschriften des EGV. Ist zudem der oben beschriebene Ticketverkauf betrieblich organisiert und erfordert dieser eine besondere Einrichtung, kommen zudem noch Fragen der Niederlassungsfreiheit in Betracht, auf die hier nicht weiter eingegangen werden soll.

---

[168] Beschränkungen sind dann diskriminierend, wenn sie nicht für alle in dem Mitgliedsstaat gleichermaßen gelten

[169] vgl. IWB 7 v. 11.04.2007 S 2237ff

3.1.2. räumlicher Abgrenzungsbereich

Bei Berührung der Dienstleistungsfreiheit muss immer, in Würdigung aller Umstände, eine räumliche Eröffnung des Schutzbereiches gegeben sein, dass heißt es muss sich um einen grenzüberschreitenden Sachverhalt handeln.

Im Flugverkehr, demnach um einen internationalen Flug oder um Kabotageleistungen. Die Dienstleistungsfreiheit ist grundsätzlich ein durch den EGV garantiertes Recht, wenn auch einschränkbar[170] und gleichzeitig ein Verbot der Ungleichbehandlung ausländischer und inländischer Firmen.

Da sich aber hierdurch ein jeder Mitgliedsstaat der Gemeinschaft 27 verschiedenen nationalen Normen ausgesetzt sah,[171] in den einzelnen Mitgliedsstaaten werden Normen und Begriffe teils unterschiedlich angewandt und gebraucht[172], wurde der Begriff des Herkunftslandprinzips in der Dienstleistungsrichtlinie fallen gelassen, anstatt dessen hat man dem Begriff des Bestimmungslandprinzips in der Dienstleistungsrichtlinie zur Geltung verholfen und geht nunmehr nur noch von Marktzugang und Marktverhalten aus.[173]

Dennoch zeigt uns die Dienstleistungsfreiheit Schranken und Schranken-Schranken sowie weitere Bereichsausnahmen auf.

So sind zunächst sie sogenannten Bereichsausnahmen von den Schranken-Schranken abzugrenzen[174] Eine solche Bereichsausnahme ist beispielsweise die Freizügigkeit der Arbeitnehmer auf die Beschäftigung in der öffentlichen Verwaltung. Art. 39 Abs. 4,45 EGV.

Strittig ist, vom EuGH auch noch nicht entschieden, die Reichweite der Dienstleistungsfreiheit für den Beruf der Notare und Gerichtsvollzieher.[175] Weitere Ausnahmen von der Dienstleistungsfreiheit sind in Art. 17 der DLRL aufgeführt.

3.1.3. Schranken der Dienstleistungsfreiheit

Schranken in Bezug auf die Dienstleistungsfreiheit bestehen hinsichtlich der vom EGV umschriebenen Grundsätze aus Gründen der öffentlichen Sittlichkeit, Ordnung und Sicher-

---

[170] Notarwesen, Beurkundungswesen, Rechtsanwälte, aus sonstigen Gründen der ordre public
[171] Zielstaat ist zur Gleichwertigkeitsprüfung/Anerkennung verpflichtet EuGH Rs120/78 v. 20.02.1979
[172] vgl. Callies, Dienstleistungsrichtlinie S. 25ff.
[173] auch so Ohler/Schlachter, Kommentar zur europ. Dienstleistungsrichtlinie S.3ß
[174] Streinz, Europarecht
[175] Ohler/Schlachter Kommentar zur DlRL

heit, zum Schutze des Allgemeinwohls, als Rechtfertigungsgründe[176] die darüberhinaus einer besonderen Begründung bedürfen.

Beschränkungen nach Art. 16 Abs. 1 der DLRL bestehen für folgende Bereiche:

- ☐ öffentliche Ordnung
- ☐ öffentliche Sicherheit
- ☐ öffentliche Gesundheit
- ☐ Schutz der Umwelt

Beschränkungen aus Gründen der öffentlichen Ordnung wären dann gerechtfertigt, wenn von einer schweren Gefährdung des Grundinteresses der Gesellschaft auszugehen ist.[177]

Den Mitgliedsstaaten stehen hier gewisse Konkretisierungs-und Beurteilungsspielräume zu[178] wobei diese der Gesellschaft zu Grunde gelegten Werte von Staat zu Staat unterschiedlich sein können.

Daher ist der Begriff der öffentlichen Ordnung als Teil eines Ausnahmetatbestandes eng auszulegen, hinreichend anerkannt sind beispielsweise Fälle wie des Glücksspielbetriebes, des Simulierens des Tötens von Menschen sowie das persönliche früherer Verhalten des Dienstleistungserbringers (Drogenmissbrauch, Straftaten) [179]

Die öffentliche Sicherheit ist ein Teilgebiet der öffentlichen Ordnung, da bestimmte Ordnungsregelwerke im Einklang mit der Erzielung höchstmöglicher Sicherheit aller an der Gesellschaft beteiligten Personen geschaffen werden soll und auch wird.

Die Sicherheit umfasst sowohl Maßnahmen des Staates gegen die Rechtverletzung durch Gewalt, technischer Risiken und auch sonstiger möglicher Gefährdungseingriffe.[180]

Ein Luftfahrtunternehmen hat hinsichtlich dieser Maßnahme über eine Betriebsgenehmigung für seine am Luftverkehr beteiligten Flugzeuge zu verfügen. Ist dem nicht so, kann eine Einschränkung der Dienstleistungsfreiheit gegeben sein, soweit sie sich nicht schon durch andere Bestimmungen ergibt. (z.B. nach, u.a. auch nationalen, Luftverkehrsgesetzen, LuftfahrzeugzulassungsVO, CC)

Beschränkungen der Dienstleistungserbringung in einem anderen Mitgliedsstaat der Gemeinschaft, können sich auch aus Gründen der öffentlichen Gesundheit ergeben. Zwar sind innergemeinschaftlich die Standards in der medizinischen Versorgung unterschiedlich

---

[176] EuGH RS 229/83 Rn 29, Rs C-1/90, C-176/90
[177] Beschränkungen im Einreise und Aufenthaltsrecht RL2004/38/EG Art. 27ff
[178] Kommisionshandbuch Ziffer 7.1.3.1
[179] EuGH Rs 41/74
[180] europ.DlRL, Kommentar S. 271

ausgebildet, sodass eine Grenze zwischen angemessen und erforderlich schwer gezogen werden kann, anerkannt sind aber beschränkte Maßnahmen zur Verhinderung oder Ausbreitung schwerer Seuchen.

Eine mögliche Beschränkung der Dienstleistungsfreiheit des Luftverkehrsunternehmers hierin wäre denkbar, wenn sich an Bord des Flugzeuges beispielsweise unter Quarantäne zu stellende Passagiere befinden würden, und man aufgrund fehlender Medizin, Räume etc. hierauf nicht eingerichtet ist und daher die Behörden des entsprechenden Staates einer Landung nicht zustimmen. (auch Art. 14 CC)

Auch als Beschränkung lassen sich umweltschützende und umwelterhaltende Maßnahmen rechtfertigen. Dies können beispielsweise Lärmschutzvorschriften, Gefahrstoffbestimmungen oder Abfallentsorgungsvorschriften[181] sein, denen sich der Dienstleistungserbringer zu unterwerfen hat und die dieser Freiheit möglicherweise entgegenstehen können. Bedeutung für das Luftverkehrsunternehmen hieraus haben vor allem Vorschriften hinsichtlich des Lärmschutzes.[182]

3.1.3.1.   Zwischenbetrachtung

Das Luftverkehrsunternehmen genießt die Dienstleistungsfreiheit nach Art. 49 EGV innerhalb der Gemeinschaft, soweit Beschränkungen aus den vorhergehenden Abschnitten hinsichtlich der technischen und personellen Voraussetzungen, die hier nicht geprüft wurden aber als erfüllt zu betrachten sind, nicht entgegenstehen.

Ferner haben es sich die Mitgliedsstaaten zum Anlass gesetzt, die Verkehrspolitik gemeinsam zu regeln, Art. 70 EGV. Verkehr ist die Bewegung von Personen, Gütern und Nachrichten in einem definierten System[183].

Der Luftverkehr ist demnach die Bewegung von Personen und Gütern in der Luft mittels hierfür geeigneter Luftfahrzeuge.

Luftverkehr ist im Sinne des Art.70 EGV Verkehr. Eine Zuordnung, der für diese Vorschrift dem Verkehr unterworfenen Verkehrsmittel finden wir in Art 80 EGV wieder, wo es wie folgt heißt:

(1)"Dieser Titel gilt nur für die Beförderungen im Eisenbahn, -Straßen, -und Binnenschifffahrtsverkehr.

---

181 Kommisionshandbuch Ziff. 7.1.3.1.
182 Flugverbot aus Gründen des Lärmschutzes
183 Ammoser/Hoppe Glossar Verkehrswesen und Verkehrswissenschaften, Institut Wirtschaft u. Verkehr Dresden 2006

(2) Der Rat kann mit qualifizierter Mehrheit darüber entscheiden, ob, inwieweit und nach welche Verfahren geeignete Vorschriften für die Seeschifffahrt und Luftfahrt zu erlassen sind.

Die Verfahrensvorschriften des Artikels 71 finden Anwendung"

Der Rat, als Gesetzgebungsorgan, hat im Einklang mit Art. 71, der darin verankerten Zulassung von Verkehrsunternehmern (Abs.1 Bst. b) sowie zur Verbesserung der Verkehrssicherheit (Abs.1 Buchstabe c), für die Zivilluftfahrt eigene Vorschriften erlassen.[184]

So zum Beispiel Vorschriften hinsichtlich technischer und auch finanzieller Ausstattung von Luftverkehrsunternehmen der Gemeinschaft oder auch aus Drittländern, die in der Gemeinschaft operieren oder diese anfliegen.

3.1.4. Verordnungen und Richtlinien der EG

Der Grundsatz der Dienstleistungsfreiheit nach Art 49.EGV findet sich auch in der VO (EG) 1008/2008 wo es wie folgt heißt:

"Luftfahrtunternehmen der Gemeinschaft sind berechtigt, innergemeinschaftliche Flugdienste durchzuführen." Art. 15 Abs. 1 VO EG 1008/2008

Durch diese Formulierung hat man den Grundsatz der Dienstleistungsfreiheit auch im Luftverkehr, der durch Art. 80 EGV teilausgenommen ist, rechtlich verankert. Darüberhinaus sind auch in den weiteren Artikeln der VO(EG)1008/2008 Vorschriften enthalten, die nicht nur Beschränkungen hinsichtlich dieser Freiheit aufgrund fehlender oder mangelhafter Luftverkehrsbetreiberzeugnisse und/oder Betriebsgenehmigungen Art 4., Art.5, Art. 6 VO(EG)1008/2008, ebenso VO(EG 216/2008 Art. 4 Abs.1 Pkt. b enthalten, vielmehr sind diese Vorschriften eine Generalnorm für die erlaubte Betätigung als Luftfahrtunternehmer, gleichermaßen für jeden Mitgliedsstaat mit dem Tag des Inkrafttretens der Verordnung am 1.11.2008.

Hierbei ist es nicht von Wichtigkeit, ob das Luftfahrtunternehmen innerhalb der Gemeinschaft Flugdienste ausführt, von Wichtigkeit ist vielmehr, ob mit dem Flugdienst die Gemeinschaft berührt ist.

Dies ist generell dann gegeben, wenn die Eintragung eines Luftfahrzeuges in einem Mitgliedsstaat der Gemeinschaft oder bei der gemeinsamen Behörde[185] erfolgt oder wenn aufgrund der Flugdienste irgendein Flughafen in der Gemeinschaft angeflogen oder das

---

[184] VO (EG) 216/2008, 859/2008, 8/2008, 1008/2008, 768/2006, 1702/2003, 2042/2003
[185] gemeinsame Behörde für die Eintragung eines Luftfahrzeuges bei der EASA.eu.int

Hoheitsgebiet eines Mitgliedsstaates der Gemeinschaft genutzt werden soll.

Darüberhinaus gilt dies auch dann, wenn ein Luftfahrzeug zwar in einem Drittland registriert ist, der Betreiber aber im Gemeinschaftsgebiet ansässig ist. (Art 4 Abs.1 Pkt. c VO(EG)216-2008).

Zur Anmerkung:

Die Verordnung ist am 1.11.2008 verbindlich für alle Mitgliedsstaaten in Kraft getreten, also nach dem sich der geschilderte Sachverhalt zugetragen hat.

Beide Verordnungen, sowohl 216/2008 als auch 1008/2008 sind lediglich eine gesetzlich und für die Gemeinschaftsstaaten verbindliche, anzuwendende Norm der bereits in der CC geregelten Mindestanforderungen im Luftverkehr. (Präambel Punkt 3 d. V.)

Fazit: Aufgrund der Tatsache, dass der Staat, in dem die Luftfahrzeuge des Unternehmers eingetragen sind, mit dem 01.01.2007 der Europäischen Union beitrat, steht dem Luftfahrtunternehmer[186] das Recht auf freien Luftverkehrsdienst innerhalb der Gemeinschaft zu. Dies ergibt sich zum einen aus dem Gleichstellungsgrundsatz der Gesellschaften nach Art. 48 EGV in Verbindung mit Art. 49 EGV für den freien Dienstleistungsverkehr und mit dem 01.11.2008 aus der VO(EG)1008/2008

3.2. Dienstleistungen in Bezug zu einen Drittstaat
3.2.1 Grenzen der Freiheit nach dem EGV

Kann sich das Luftverkehrsunternehmen demnach auch auf die Dienstleistungsfreiheit nach dem EGV berufen, soweit es in einem Staate Flugdienste durchführt, welcher nicht Mitgliedsstaat der europäischen Gemeinschaft ist?

Die europäische Dienstleistungsrichtlinie wurde erlassen, um bei gleichzeitiger Gewährleistung einer hohen Qualität der Dienstleistungen die Wahrnehmung der Niederlassungsfreiheit durch Dienstleistungserbringer sowie den freien Dienstleistungsverkehr zu erleichtern. Art 1. Abs. 1 DLRL.

In Artikel 2 der Richtlinie heißt es wie folgt:

" Diese Richtlinie gilt für Dienstleistungen, die von einem in einem anderen Mitgliedsstaat niedergelassenen Dienstleistungserbringer angeboten werden"

---

[186]   vorausgesetzt erforderliche Erlaubnisse und Genehmigungen liegen vor

Das Flugverkehrsunternehmen hat seinen Verwaltungssitz, *itaque* Eintragung der Luftfahrzeuge, in einem Mitgliedsstaat der Gemeinschaft. Der Staat in dem die Flugdienste erbracht wurden, ist kein Mitgliedsstaat der europäischen Gemeinschaft.

Die Flugdienste des Luftverkehrsunternehmens sind demnach vom Anwendungsbereich der Dienstleistungsrichtlinie ausgeschlossen. Zwar will gemäß Art. 2 i.V. m. Art. 3, Bst. f), des EGV die Gemeinschaft eine gemeinsame Verkehrspolitik betreiben, die ein Wachstum und nachhaltige Entwicklung des Wirtschaftlebens sowie ein hohes Beschäftigungsniveau fördern, hiermit einhergehend soll die Anhebung des Lebensstandards, die Verbesserung der Qualität der Umwelt und auch die Wettbewerbsfähigkeit in Wirtschaftsleistungen sein, dennoch betreffen die von der Gemeinschaft in ihrem Gründungsvertrag gesteckten Aufgaben die Gemeinschaft als solche und die in Art. 299 EGV aufgeführten Staaten.

Der Staat, in dem das Luftverkehrsunternehmen Flugdienste erbringt, ist nicht in Art. 299 EGV gelistet, sodass das gesamte Regelwerk des EGV auf diesen Staat nicht anwendbar ist.

3.2.2. Rechtfertigung nach dem Grundrechtekatalog

Auch aus dem Vertrag zur Gründung der Europäischen Gemeinschaft kann somit das Luftfahrtunternehmen kein Recht herleiten, die Dienstleistungsfreiheit in dem Entsendeland nach Art. 49 zu genießen, wohl aber garantiert ihm Art. 6 EUV unter anderem den Schutz des Eigentums, des in der Luftverkehrsgesellschaft befindlichen Vermögens n. Art. 1 Zusatzprotokoll zu EMRK[187] i.V. Art 6 EUV, sowie andere Grundrechte.

Grundrechte i.S. des Art 6 EUV sind Rechte, die besondere Bedeutung haben und mit einem hochrangig, schwer abänderbaren Bestandsschutz versehen sind. Sie sind daher, wenn auch nur teilweise, gegenüber jedermann durchsetzbar.

Grundrechte dienen dem Einzelnen vor Schutz gegen hoheitliche Gewalt. Den erhöhten Bestandsschutz bewirken im EU- Recht die Verträge und die den Verträgen gleichrangigen Rechtsgrundsätze. Die Durchsetzbarkeit ergibt sich aus der Klagemöglichkeit vor dem EuG, oder EuGH sowie vor den nationalen Gerichten.

Im Weiteren können solche Grundrechte in anderen Vertragsbestimmungen fundamentiert sein, sodass es zu Rechtsüberlagerungen kommen kann. Art. 12 bzw. 141 EGV verbieten beispielsweise eine Diskriminierung.

---

[187]   hierzu EMRK, abgedruckt in Sartorius II Nr. 130

Die in den Verträgen verankerten Grundrechte weisen zwar gewisse Besonderheiten auf, sind aber wegen der engen Verbindung zu den Grundrechten nach allgemeinen Rechtgrundsätzen von diesen nicht immer sinnvoll trennbar.

Der EuGH beispielsweise judiziert zum Grundsatz der Gleichheit, dass die speziellen Diskriminierungsverbote in den Verträgen Ausdruck eines allgemeinen Rechtsgrundsatzes der Gleichheit vor dem Recht ist.[188]

Es ginge daher zu weit, einen einheitlichen rein formalen Ansatzpunkt zu wählen. Der Begriff "Grundrechte" ist daher für das Recht der EU als Rechtsbegriff nicht abschließend. Somit ist dieser weiter rechtswissenschaftlich zu bestimmen.

Diese Begriffsbildung hat demnach, unter Beachtung von positiv rechtlichen Vorgaben, zu einer zweckmäßigen Definition zu führen, die dem positivrechtlichen Grundrechtsverständnis entspricht und genügend Gemeinsamkeiten für eine einheitliche Rechtsfortbildung aufweist.

Dem kann die Kompilation der Grundrechtscharta der EU nicht zugrunde liegen.

Es muss nach verschiedenen Gesichtspunkten eine Abwägung des Grundrechtsbegriffes stattfinden.

Eine Abgrenzung sollte daher unter folgenden Voraussetzungen in Betracht gezogen werden:

1.)   die Rechtsstaatsgrundsätze

2.)   weitere Grundsatz und Zielbestimmungen

3.)   die primär der Integration dienenden Rechte

Erst diese Begriffsbildung erlaubt es die Grundrechtsquellen aus dem Recht der EU zu identifizieren und damit den Gegenstand der Untersuchung zu bestimmen.[189]

So garantiert Art. 16 der Grundrechtscharta der EU die unternehmerische Freiheit, wie folgt:

" Die unternehmerische Freiheit wird nach dem Gemeinschaftsrecht und den einzelstaatlichen Rechtsvorschriften und Gepflogenheiten anerkannt"

Fraglich ist, ob dieses Grundrecht auch den Mitgliedsstaat bindet, dessen Herkunft das Luftverkehrsunternehmen hat.

---

[188]   EuGH Rs 117/76, 16/77
[189]   Winkler, Grundrechte der Europäischen Union

Gemeinschaftsrecht geht innerstaatlichem Recht vor, es macht nationales Recht zwar nicht nichtig, führt aber dazu, dass die innerstaatliche Norm keine Anwendung findet, wenn die nationale Vorschrift mit dem Gemeinschaftsrecht unvereinbar ist.

Auch verdrängt innerstaatliches Recht kein veraltetes Gemeinschaftsrecht, insoweit bricht es mit der Regel lex posterior derogat lex priori. (Fall SOLANGE II)

Das BVerfG formuliert wie folgt:

" *Solange die Europäischen Gemeinschaften ... einen wirksamen Schutz der Grundrechte gegenüber der Hoheitsgewalt der Gemeinschaften generell gewährleisten, der dem vom Grundsatz als unabdingbar gebotenen Grundrechtsschutz im wesentlichen gleich zu achten ist, ... wird das Bundesverfassungsgericht seine Gerichtsbarkeit über die Anwendbarkeit von abgeleitetem Gemeinschaftsrecht... nicht mehr ausüben und dieses Recht mithin nicht mehr am Maßstab der Grundrechte des Grundgesetzes überprüfen.* "

Die Grundrechte die sich aus Art. 6 EUV ergeben sind durch die Rechtsprechungen des EuGH oder Gericht erster Instanz nach Art. 220 EGV entwickelt worden.

Hierin eingeschlossen sind demnach

☐ die vom EuGH entwickelten Rechtsgrundsätze

☐ die gemeinsamen Verfassungsüberlieferungen der Mitgliedsstaaten, die der EuGH ausfindig gemacht hat

☐ die Berücksichtigung internationaler Verträge und Abkommen Art. 6 Abs. 2 EUV

Festgeschrieben wurde damit die Praxis des EuGH, allgemeine Rechtsgrundsätze grund-rechtlicher Natur aufzufinden und zu einem Regelwerk zu "komplettieren".

Eine Anrufung des EuGH zur Wahrung seiner sich aus dem Gemeinschaftsvertrag und dessen Anhängen ergebenden Rechten kann von jedermann vorgenommen werden.

Urteile des EuGH oder Gerichtes erster Instanz haben absolute Wirkung gegenüber dem Organ, dem die Klage zur Last fällt und sind verpflichtet, die sich aus dem Urteil des Gerichtshofs ergebenden Maßnahmen zu ergreifen, Art. 233 EGV.

Die am 7. Dezember 2000 in Nizza feierlich proklamierte Charta der Grundrechte der Europäischen Union[190] stellt mithin noch kein verbindliches Regelwerk dar.

Nach dem Willen seiner Erschaffer, soll dem Regelwerk auch eine solche Wirkung nicht zukommen[191], trotzdem soll es aber eine Verankerung in der neu zu schaffenden, (vielmehr von den Mitgliedsstaaten anzunehmenden) Verfassung für Europa finden und hat es auch

---

[190] Grundrechtecharta der EU
[191] Sartorius II Kap. 146 Pkt.2

bereits.[192]

Dies ist nicht alleine daran zu verdeutlichen, dass sich einige Generalanwälte des EuGH in ihren Schlussanträgen hierauf bezogen haben.

Nur die Gewähr der Grundrechte nach Art. 6 EUV sowie die Gewähr der gemeinschaftlichen Grundfreiheiten nach der Charta der Grundrechte der EU sowie nach dem EGV realisieren die Verwirklichung des Binnenmarktes, in dem sie helfen unter anderem Schranken zwischen den Mitgliedsstaaten zu beseitigen.[193]

Berechtigte aus den Gemeinschaftsgrundrechten können sowohl natürliche wie auch juristische Personen sein.

Juristische Personen bzw. Personenvereinigungen sind nur insoweit vom Anwendungsbereich betroffen, als dass sie sich nicht in staatlicher Hand befinden und es sich nicht um höchstpersönliche Grundrechte, wie das Recht auf Leben, handelt.[194]

Das Grundrecht auf unternehmerische Freiheit, stützt sich demnach auf die Rechtsprechung des Gerichtshofes, der die Freiheit, eine Wirtschafts- oder Geschäftstätigkeit auszuüben und die Freiheit rechtsverbindliche und gültige Verträge zu schließen anerkannt hat.[195] Ein Eingriff in dieses Recht ist nur aufgrund zwingender Vorschriften möglich, z.B. wäre die unternehmerische Freiheit des Luftfahrtunternehmens dann gefährdet, wenn es über keine gültigen Betriebserlaubnisse oder Luftfrachtbeförderungszeugnisse verfügt, oder dem sonstige Rechtfertigungsgründe der bereits i.R. des Buchwerkes abgehandelten Voraussetzungen entgegenstehen.

3.2.3. Schranken der Rechtfertigung

Schranken hinsichtlich der Dienstleistungsfreiheit, können dem Luftverkehrsunternehmen aber auch wegen Sanktionen aufgrund von GASP-Aktionen entgegenstehen, so dass die unternehmerische Freiheit eingegrenzt würde. Art 60. EGV, Art. 301 EGV i.V. m. Art.12, Art. 14, Art. 15 EUV. GASP- Aktionen sind Maßnahmen der Union, die ein Tätigwerden der Gemeinschaft vorsehen, die Wirtschaftsbeziehungen zu einem oder mehreren dritten Ländern auszusetzen, einzuschränken oder vollständig einzustellen.

---

[192]   Verfassung für Europa Teil II, Freiheiten, ISBN 92-824-3098-7, 2005
[193]   Jean Alexandre Ho, Grundzüge des Europarechts, Richter Verlag
[194]   Streinz, Europarecht
[195]   EU-Vertrag Teil II Art. 16, abgedr. Im Amtsblatt der EU Reihe C Nr. 310 vom 16.12.2000

Der Rat beschließt solche Maßnahmen mit qualifizierter Mehrheit. Art. 301 EGV. Diese Maßnahmen können auch Einschränkungen im Kapital- und Zahlungsverkehr sein. Art. 60 EGV.

Mit dem Vertrag über die Europäische Union hat sich die Union verschiedene, in ihrem Artikel 2 EUV niedergeschriebenen Ziele gesetzt.

Unter anderem heißt es hier unter Gedankenstrich 2

"-die Behauptung ihrer Identität auf internationaler Ebene, insbesondere durch die Gemeinsame Außen- und Sicherheitspolitik, wozu nach Maßgabe des Artikels 17 auch eine schrittweise Festlegung einer gemeinsamen Verteidigungspolitik gehört, die zu einer gemeinsamen Verteidigung führen könnte"

Der Gemeinsamen Außen- und Sicherheitspolitik sind folgende Ziele nach Art.11 (Abs. 1) EUV unterworfen.

- ☐ Die Wahrung der gemeinsamen Werte, der grundlegenden Interessen, die Unabhängigkeit und die Unversehrtheit der Union, im Einklang mit den Grundsätzen der Charta der Vereinten Nationen.
- ☐ Die Stärkung der Sicherheit der Union in allen Formen
- ☐ die Wahrung des Friedens und die Stärkung der internationalen Sicherheit, entsprechend der Charta der Vereinten Nationen
- ☐ die Förderung der internationalen Zusammenarbeit
- ☐ die Entwicklung und Stärkung von Demokratie und Rechtsstaatlichkeit sowie die Achtung der Menschenrechte und Grundfreiheiten

Eine solidarische Zusammenarbeit der Mitgliedsstaaten hinsichtlich der Erreichung dieser Ziele wird einem jeden Mitgliedstaat durch die Absätze 2 und 3 aufgezwungen.

Obhut über die gesamte Solidargemeinschaft trägt der Rat (letzter Satz Art 11 EUV), wobei der jeweilige Mitgliedstaat noch über die Maßnahmen der Gemeinschaft hinaus gehen kann, dies würde nicht zwangsläufig zu einem Ausschluss der Gemeinschaftskompetenz führen, vielmehr zu einem Nebeneinander von gemeinschaftlicher und mitgliedsstaatlicher Kompetenz.

3.2.3.1. aufgrund GASP-Beschlüsse

Als Voraussetzung für ein Tätigwerden der Union, gemeinsame Standpunkte und Maßnahmen zu beschließen kommen folgende Möglichkeiten in Betracht, die für die Staaten der EU verbindlich sind, Art.14 Abs. 3 EUV:

- ☐ Gefahr für die Werte, grundlegenden Interessen sowie Unversehrtheit der Union
- ☐ Gefahr für die Sicherheit der Union
- ☐ Gefahr für den Frieden, die internationale Sicherheit im Rahmen der Charta der Vereinten Nationen
- ☐ Störung der internationalen Zusammenarbeit
- ☐ Verstoß gegen Demokratie und Rechtsstaatlichkeit, Einschränkung oder Aufhebung von Grundrechten und Grundfreiheiten
- ☐ Abkommen mit dritten Staaten und internationalen Organisationen, insbesondere Maßnahmen in Umsetzung von Sanktionen des Sicherheitsrates der Vereinten Nationen
- ☐ Vorschlag eines Mitgliedsstaates
- ☐ im Rahmen anderer Abkommen

So wurden beispielsweise gegen den Staat, in dem das Luftverkehrsunternehmen Flugdienste ausführt, gleich mehrere Sanktionen der Gemeinschaft, auf Grundlage der Sanktionen des Sicherheitsrates der Vereinten Nationen verabschiedet.
Eine verbindliche Umsetzung von Maßnahmen des UN Sicherheitsrates ergibt sich für ein jedes Mitglied der UN aus Art. 2 Nr. 5 der Charta der Vereinten Nationen sowie für die Gemeinschaft nach Art. 37 EUV und Art. 302 EGV.

Darüberhinaus besteht auch eine Bindungswirkung auf internationaler Ebene, z.B. bei der Umsetzung von Resolutionen des Sicherheitsrates der UN, nach Art. 19 Abs. 1. für die in der Union vertretenden Mitglieder des Sicherheitsrates der UN. (Uk. UN Embargo)

Nachdem nunmehr der europäischer Rat, in dem die Staats-und Regierungschefs der Mitgliedsstaaten vertreten sind, gemeinsame Standpunkte erarbeitet hat und gegebenenfalls Maßnahmen nach Art. 301 EGV oder Art. 60 EGV zu ergreifen bereit sind, wird dieser alles Grundlegende und hierfür Notwendige in die Wege leiten.
Die Beschlussfassung erfolgt lt. Darstellung § 11 des Anhangs.

Maßnahmen und Aktionen, des Rates der Europäischen Union, die im Zusammenhang mit der gemeinsamen Außen- und Sicherheitspolitik in Verbindung stehen, gehen hauptsächlich auf die Politiken des Politischen und Sicherheitspolitischen Komitee's zurück.

Vergleichbar mit der Ausarbeitung sicherheitsrelevanter Fragen bei den Vereinten Nationen, die hierfür ihren Sicherheitsrat unterhalten, ist das Politische und Sicherheitspolitische Komitee auch für die Überwachung der Durchführung gemeinsamer Politiken zuständig. Art 25EUV.

Die Tragweite der Aufgabe des Komitees lässt sich aus der Vorschrift ableiten wo es wie folgt heißt:

" Im Rahmen dieses Titels nimmt das Komitee unter der Verantwortung des Rates die politische Kontrolle und strategische Leitung von Operationen zur Krisenbewältigung wahr".

Der Rat kann das Komitee für den Zweck und die Dauer einer Operation zur Krisenbewältigung, die vom Rat festgelegt werden, ermächtigen, unbeschadet des Art.47 EUV geeignete Beschlüsse hinsichtlich der politischen Kontrolle und strategischen Leitung der Operation zu fassen.

Das Komitee, auch PSK genannt und als "Motor" der Außen-und Sicherheitspolitik bezeichnet, ist durch Beschluss 2001/78 GASP und als Nachfolger des bis dahin bekannten Politischen und Sicherheitspolitischen Interimskomitee geschaffen worden.[196]

Aktionen der GASP, sind für die Staaten der EU verbindlich, Art 14 Abs. 3, Art 34 Abs. 2 EUV.

Die Verbindlichkeit solcher Akte ergibt sich für alle EU-Staaten nicht nur aus dem Gemeinschaftsrecht sondern auch nach den allgemeinen völkerrechtlichen Grundsätzen.

Zwar ergibt sich aus den Beschlüssen der GASP nicht gleich eine unmittelbare Wirkung für die Mitgliedsstaaten, anders als im Gesetzgebungsverfahren der EU, dennoch besteht die Gebundenheit (Art 10 EGV) der Mitgliedsstaaten, wie sonst könne die Gemeinschaft ihre Ziele und Aufgaben erfüllen.

So könnte beispielsweise ein GASP Beschluss die unternehmerische Freiheit des Luftverkehrsunternehmers dahingehend einschränken, das es ihm seitens seines Heimatstaates nicht erlaubt ist, das Gebiet des Staates gegen den der Beschluss gerichtet ist anzufliegen

---

[196]   Beschluss des Rates 143/2000 GASP(ABl.). 22.02.2000, Nr. L 49, S. 1.

oder sonstige wirtschaftliche Beziehungen in dem Gebiet zu unterhalten.

Voraussetzung wäre hierfür ein Beschluss des Rates der europäischen Union aufgrund einer Lage in Bezug auf den Drittstaat, die es rechtfertigen würde, ein Flugverbot in das Land zu erteilen. Dies ist u.a. mit 2007/140/GASP[197] des Rates geschehen, welche Bereiche hiervon betroffen sind wird in nachfolgenden Abschnitten dieses Buchwerks zu klären sein.

3.2.3.2.   aufgrund von UNSCR

Gegen den Staat wurden sowohl vom UN-Sicherheitsrat, als auch aufgrund der GASP, von der Europäischen Union, in Umsetzung der Beschlüsse des Sicherheitsrates mehrere Maßnahmen verhängt. (Embargo und Sanktionsmaßnahmen).

Ein Flugembargo wäre demnach durchaus denkbar, sodass es für das Luftverkehrsunternehmen nicht möglich ist, Flüge in das Gebiet zu unternehmen und dort zu operieren.

Flugembargos n. § 12 des Anhang I sind im Vergleich zu den Wirtschaftsembargos und Sanktionen bislang eher gering angewandt worden, da zwar der Flugverkehr ein wirtschaftlicher Zweig einer Volksökonomie darstellt, aber ein Flugembargo auch gewisse Beschränkungen der Freiheit der Zivilisten mit sich bringen würde, eine Aus- oder Einreise über die Luft wäre nicht oder nur eingeschränkt möglich.

Daher muss klar zwischen Flugembargo für militärische Luftfahrzeuge und solche der internationalen Zivilluftfahrt abgegrenzt werden.

Noch im Jahre 2003 konnten Flugreisende auf dem jordanischen Flughafen Queen Alia in Amman (Hauptstadt Jordaniens) Flugzeuge der irakischen Luftverkehrsgesellschaft betrachten, denen seit 1991 keine Starterlaubnis auf dem Flughafen in Jordanien mehr erteilt worden ist.[198]

-(so auch in Bezug auf das Kapitel Sachenrecht und der Befürchtung der Festsetzung der Luftfahrzeuge und Schaden für den Leasingnehmer und Leasinggeber)-

Die Maßnahmen, die vom UN Sicherheitsrat gegen den Staat in dem die EG-mitgliedstaatliche Fluggesellschaft operierte, erlassen wurden, sollten dazu dienen, dass der Staat gewissen Auflagen und gewissen Handlungen hinsichtlich seines Nuklearpro-

---

[197] ABl. L 61/49 vom 27.02.2007
[198] Bericht eines Journalisten, von Jeremy Scahill 13.02.2003, im Irak Journal

gramms, in Zusammenarbeit mit der IAEA (internationale Atomenergie Agentur)[199] nach-kommt.

Von Interesse hierbei ist, dass sich die Maßnahmen[200] nicht nur gegen die Wirtschaft des Landes in Zusammenhang mit dessen Nuklearprogramm handelt, sondern auch gegen die in den Annexen der Resolutionen aufgeführten Personen und Institutionen.

Diese Maßnahmen, Sanktionen gegen Individuen und Personenvereinigungen, beschlossen durch den UN-Sicherheitsrat sind seit einigen Jahren vermehrt verhängt worden.

Die Staaten, i.d.R. die Mitgliedsstaaten der UN werden verpflichtet, gegen die betroffenen Personen Flug- und Reiseverbote zu verhängen. Diese sog. "black list" auf der die Perso-nen gelistet sind, wird vom Sanktionsausschuss, einem Nebenorgan der UN gemäß Art.29 UNO-Charta, das sich aus allen Mitgliedern des Sicherheitsrates zusammensetzt, aufgrund mitgliedsstaatlicher Geheimdienstinformation erstellt und regelmäßig aktualisiert.

Diese sog. "target" oder "smart sanctions" bedeuten einen qualitativen Wechsel in der Politik der Vereinten Nationen. Während früher verhängte Handels- und Wirtschaftssankti-onen (vgl. Kapitel dort) sich ausschließlich gegen friedensbedrohende Staaten richteten, versucht man mit diesen neuartigen Maßnahmen repressiven politischen und ökonomi-schen Druck auf diese Personen oder Personenvereinigungen auszuüben.

Als rechtliches Fundament dienen hierfür die Vorschriften der Art. 24 Abs. 1 sowie Art. 41, 39 der UNO-Charta. Vorzugswürdig an diesen gezielten Sanktionen ist, dass sie die sankti-onierte Partei direkt treffen, wirtschaftlich in der Ökonomie des Landes oder bei der Zivil-bevölkerung keinen oder nur geringfügigen Schaden anrichten.

3.2.3.3.   durch nationale Gesetzgebung

Da es sich bei zielgerichteten Sanktionen um solche nach Art. 42 UNO-Charta handelt, haben sie bindenden Charakter. Allerdings sind Organe internationaler Organisationen,- sieht man einmal von den gemeinschaftrechtlichen Besonderheiten ab-, prinzipiell nicht dazu ermächtigt, in den Mitgliedsstaaten unmittelbar wirksames Recht zu setzen.[201]

Die sich aus Art. 25 UNO-Charta ergebende Verbindlichkeit von Sicherheitsratsentschei-dungen richtet sich nur an die Staaten. Diese sind verpflichtet, ihre Anwendung in der Regel durch die Schaffung einschlägiger Rechtsgrundlagen zu gewährleisten.

---

[199]   gegründet 1957, Sitz in Wien/Österreich Internet www.iaea.org
[200]   UNSCR 1737(2006), 1803(2008), 1747(2007)
[201]   so auch Schmahl, Europarecht Heft 4 2006, S.567

So legt etwa ein Beschluss des Sicherheitsrates der UN gegen einen Staat ein Wirtschaft- oder Handelsembargo zu verhängen, den Bürgern der Mitgliedsstaaten keine eigene Pflicht auf, sie handeln nicht rechtswidrig, wenn sie gleichwohl Handel betreiben. Eine interne Regelung muss innerstaatlich für den Einzelfall erst erlassen werden.[202]

Entsprechendes gilt für Sanktionen, mit denen bestimmten Individuen Reiseverbote auferlegt oder Finanzmittel eingefroren werden. In der Bundesrepublik erfolgt die Umsetzung i.d.R. mit Änderung der Außenwirtschaftsverordnung i.V. mit dem Außenwirtschaftsgesetz.

3.3. "target or smart sanctions" Auswirkungen für die Betroffenen
3.3.1. Generelles

Erlässt der UN-Sicherheitsrat jedoch bindende Resolutionen in einem Bereich, der in die Zuständigkeit der Europäischen Gemeinschaft fällt, ist auch eine gemeinschaftsrechtliche Umsetzung in Anwendung des Art 25.i.V.mit Art.48 Abs. 2 der UNO Charta völkerrechtlich zulässig, gegebenenfalls sogar geboten.

Als Kompetenzgrundlage dienen der Art. 301 und Art 60 EGV[203], welche auf Grundlage des Vertrages von Maastricht[204] neu geschaffen wurden. So bedient sich die Gemeinschaft auch bei Umsetzung von "target sanctions" seit einigen Jahren dieser Ermächtigungsgrundlage und erlässt Verordnungen im Sinne des Art. 249 EGV, die den Mitgliedsstaaten der Gemeinschaft die Pflicht auferlegen, gegen die gelisteten Einzelpersonen im Sinne der entsprechenden Sicherheitsresolutionen vorzugehen.

Dies deckt eine neue Frage auf, nämlich die, ob es dem betreffenden Individuum überhaupt möglich ist, im Sinne seines Rechtsschutzbedürfnisses gegen die "target sanctions" wirksam vorzugehen. Mithin schränken Sanktionen nicht nur die Bewegungsfreiheit des Betroffenen in empfindlicher Weise ein[205], sondern tangieren auch dessen Eigentumsrecht.

Im Weiteren belegen sie, was gerade für Geschäftsleute negativ auswirkend ist, das soziale Stigma des Betroffenen und greifen auch in dessen Familienleben und Privatsphäre ein. Eine weitere Erörterung kann an dieser Stelle jedoch nicht erfolgen.

---

[202] Klein, Völkerrecht 3.Auflage Abschn. 151
[203] Zahlungsverkehr Art 60 EGV, als lex specialis
[204] Vertrag von Maastricht v. 07.02.1992, unterzeichnet in Maastricht, abgedr. in Sartorius II EUV Kap. 145
[205] so gegen Art. 12 II IPBPR

3.3.2. Maßnahmen der Staatengemeinschaft
3.3.2.1.   GASP-Beschlüsse des Rates

So hat die Europäische Union die Resolutionen der Vereinten Nationen gegen den Staat, in dem das Luftverkehrsunternehmen Flugdienste ausgeführt hat mit verschiedenen GASP Beschlüssen[206] und Verordnungen[207] umgesetzt, und restriktive Maßnahmen erlassen, die dem Nuklearprogramm des Landes hinderlich sein könnten. Eine

Hinzu kommen weitere Maßnahmen in Bezug auf die Lieferung, den Verkauf oder den Transfer von Artikeln und Materialien, Ausrüstungen und Gütern sowie Technologien, die im Zusammenhang mit dem Nuklearprogramm des Landes stehen, einschließlich sonstiger Unterstützung in diesem Zusammenhang[208].

Darüberhinaus wurden Maßnahmen gegen Personen ergriffen, die mit dieser Tätigkeit in Zusammenhang stehen sowie Gelder und andere Vermögenswerte von Personen und Institutionen, die unmittelbar mit dieser Tätigkeit in Zusammenhang stehen, eingefroren[209]

Beispielsweise wird in dem GASP Beschluss des Rates 140/2007[210] wie folgt beschrieben:
"Die Lieferung, der Verkauf oder die Weitergabe, auf direktem oder indirektem Weg, folgender Artikel, Materialien, Ausrüstungen, Gütern und Technologien, einschließlich Software, durch Staatsangehörige der Mitgliedstaaten oder über das Hoheitsgebiet der Mitgliedstaaten oder unter Benutzung von ihre Flagge führenden Schiffen oder Luftfahrzeugen an Iran, oder zur Nutzung durch Iran oder zu seinen Gunsten, unabhängig davon, ob sie ihren Ursprung im Hoheitsgebiet der Mitgliedstaaten haben oder nicht, wird untersagt:" Art. 1 Abs. 1 GASP 140/2007,

- □   es folgt unter den Buchstaben a) bis c) eine Aufzählung der Anwendungsobjekte des Art 1 Abs. 1. Betroffen von dieser Aufzählung sind Militärgüter, Rüstungsgüter und sonstiges Wehrmaterial aller Art, sowie Waffen und Munition (Bst. c) sowie alle sonstigen Artikel, Materialien, Ausrüstungen, Güter und Technologien, die zu nuklearen Zwecken eingesetzt oder verarbeitet werden können (Bst. a und b)
- □   Eine Nutzung eines Luftfahrzeuges, das die Flagge eines Mitgliedstaates führt, und zu Zwecken eingesetzt wird, das unter Art 1. fällt ist verboten.

---

[206]   PSK, Art. 25 EUV i.V. mit den Beschlüssen des Rates nach Art 14,15 EUV u.a. GASP 140/2007, 246/2007
[207]   Rechtsetzungsnorm nach Art. 249 EGV, u.a. VO(EG)423/2007, 1110/2008
[208]   GASP 140/2007 Abs. 3 u.4
[209]   GASP 140/2007, Abs.9 sowie Anlage I UNSCR 1737
[210]   ABl. L 61/49 vom 28.02.2007

Ausschluss von diesem Verbot kommt Gütern und Artikeln zu, von denen der Ausschuss davon überzeugt ist, dass diese zu anderen Zwecken als diese die man mit den Resolutionen sanktionieren will, verwendet werden oder für ernährungs-, landwirtschaftliche, medizinische oder sonstige humanitäre Zwecke bestimmt sind.

Art 3. GASP-Beschluss. Artikel 4 des GASP zitiert gewisse freiheitseinschränkende Maßnahmen gegen die in der Resolution des Sicherheitsrates ausgewiesenen Personen, denen nach Wortlaut des GASP die Einreise oder die Durchreise durch das Hoheitsgebiet des Mitgliedsstaates verboten wird, sofern nicht Personen die Staatsangehörigkeit eines Mitgliedsstaates tragen und Ausnahmen nach Art. 3 die Einreise oder Durchreise nicht rechtfertigen.

3.3.2.2.   Folgen und Auswirkungen der GASP Beschlüsse

Problematisch stellt sich die Sache dann dar, wenn die Luftfahrzeuge des mitgliedsstaatlichen Unternehmers jedoch für Kabotage (siehe Abschnitt) in dem sanktionierten Staat eingesetzt werden würden, um Personen, innerstaatlich zu befördern, gegen die Reisebeschränkungen und Sanktionen aufgrund von UNSCR und/oder GASP-Beschlüssen bestehen.

Desweiteren auch dann, wenn die Luftfahrzeuge dem Transport von Materialien, Artikeln, Ausrüstungen, Gütern und Technologien dienen, die durch die Resolutionen der UN und des GASP erfasst sind und deren Bewegung verhindert werden soll, wenn gleich dies nur national geschieht.

Denkbar wäre z.B. der Einsatz eines Luftfahrzeuges um bewegliche Sachen, Substanzen oder Materialien von ihrem Produktionsort zu dem Verwendungsort zu transportieren. Aufgrund des geographischen Gebildes des Landes[211] und des schlechten Infrastrukturnetzes, einhergehend mit jährlichen Erderschütterungen[212] die die Zerstörung von Straßen und Wegen zur Folge haben, wäre es nicht nur logisch den Verkehr in die Luft zu verlegen, sondern auch praktisch und ökonomisch.

Denn noch immer unterliegt der innerstaatliche Flugverkehr den nationalen Bestimmungen des Landes, dessen Hoheitsgebiet genutzt wird.

Zwar unterliegt der Erhalt der Betriebsgenehmigung für das operierende Luftverkehrsun-

---

[211]   Vgl. Kap. Geographie und Geologie des Empfängerstaates
[212]   Erschütterungen der Erdkruste so 12/3003, 05/2004, 02/2005, 11/2009, Zerstörung der Infrastruktur u. A. als Folge

ternehmen gewissen Vorschriften, wie zum Beispiel sich aus folgendem Artikel ergibt:

"Ein Luftfahrtunternehmen meldet der Genehmigungsbehörde im Voraus Pläne für den Betrieb eines neuen Linienverkehrs oder eines Gelegenheitsverkehrs nach einem Kontinent oder in ein Gebiet der Welt, die bisher nicht angeflogen wurden, Änderungen der Art oder Anzahl der eingesetzten Luftfahrzeuge oder eine wesentliche Änderung der Größenordnung ihrer Tätigkeiten. Art 5 Abs.3 S. 1 VO (EG)2407/92",

doch ist mit der Erbringung dieser innerstaatlichen Leistung ein neuer, meldepflichtiger Linienverkehr entstanden?

Fluglinienverkehr zeichnet sich gemäß §21 LuftVG durch folgende Kriterien aus:

- ☐ er ist gewerblich
- ☐ bestimmte Linien werden bedient
- ☐ er ist öffentlich
- ☐ er findet regelmäßig statt und unterliegt gemäß §21, Abs.2 LuftVG der Betriebs- und Beförderungspflicht
- ☐ Tarife sind am Ort des Beförderungsangebots zur Einsichtnahme bereit zu halten

Da davon auszugehen ist, dass das Luftverkehrsunternehmen gewerblich in dem Staat operiert (siehe Abschnitt der Gewerblichkeit), da es unter anderem auch ein Entgelt erzielen wird, ist der erste Punkt für den Linienverkehr zu bejahen.

Die Flugdienste werden auch nur innerhalb bestimmter Punkte erbracht werden können, für Start und Landung eines Flugzeuges in der beschriebenen Größe stehen auch nicht viele Flughäfen zur Verfügung, weder im Verwaltungsstaat des Unternehmers noch im Leistungsempfangsstaat, sodass auch der zweite Punkt zu bejahen ist.

Die Öffentlichkeit ergibt sich aufgrund eines Zuganges zu dieser Dienstleistung für jedermann sowie aufgrund eines bestehenden Flugplans, der zwangsläufig gegeben sein muss, schon aus Gründen der Luftverkehrssicherheit.

Anmerkung:

Das sanktionierte Land wird von mehr als 38 Luftverkehrsgesellschaften angeflogen und steht daher auch unter Kontrolle der Internationalen Zivilluftfahrtorganisation hinsichtlich der Bedingungen für die Unternehmer und Passagiere[213].

Eine nicht den Mindestanforderungen genügende Ausstattung eines Flughafens würde ein einschreiten der ICAO nach Art. 69 Chicago Convention zur Folge haben. Im schlimmsten

---

[213]   ICAO Inspection after 28th of April 2005 according the warning of UK and Canada cause of safety problems (waterways)

Fall würde die Einstellung des Flugbetriebes drohen.

Die Regelmäßigkeit ergibt sich aus dem Zeitraum, der dazu verwendet worden ist, innerstaatliche Flugdienste in dem Drittland durchzuführen. Das heißt, aufgrund der notwendigen Wirtschaftlichkeit eines Unternehmens ist zumindest von einem täglichen Einsatz eines Luftfahrzeuges auszugehen.

Das Vorliegen der oben genannten Voraussetzungen für den Fluglinienverkehr ist somit gegeben. Knackpunkt könnte aber nach dem Wortlaut der Norm die Tatsache sein, dass eine Meldepflicht für das Unternehmen hinsichtlich seiner Absicht gar nicht besteht.

Zum einen setzt die Norm voraus, dass das Luftverkehrsunternehmen eine neue Linie einrichtet und diese ständig bedient. Zum anderen muss es sich hierbei um eine Linie nach einem Kontinent handeln oder in ein Gebiet der Welt, welches bislang noch nicht angeflogen wurde. Gleiches gilt für Gelegenheitsflüge die sich von Linienflügen dadurch unterscheiden lassen, dass er weder öffentlich noch dauerhaft durchgeführt wird. (z.B. Werksflug, im Anhang I erläutert)[214]

Das Luftverkehrsunternehmen als solches, fliegt den Empfangsstaat seit mehreren Jahrzehnten an, (abgesehen von der Umwandlung des Unternehmens vom staatseigenen Betrieb hin zur Aktiengesellschaft), so dass eine neue Fluglinie nicht eröffnet wird. Zumal soll die Bekanntgabe einer neuen Fluglinie gegenüber den staatlichen Behörden auch nur der Überwachung der wirtschaftlichen Leistungsfähigkeit des Flugunternehmers dienen.

Darüberhinaus bedient das Unternehmen eine neue Flugstrecke innerhalb dieses Drittstaates.

Doch der Wortlaut der Norm macht daran fest, dass die Meldepflicht nur besteht, soweit das Unternehmen aus seinem Mitgliedsstaat heraus operiert, wohl nicht wenn es für eine gewisse Dauer in einem anderen Staat Flugdienste erbringt.

Fazit: Eine Meldepflicht hinsichtlich dieser in dem Drittstaat zu erbringenden Flugdienste ist nicht notwendig. Damit ist auch nicht gegeben, dass diese Art Tätigkeit von der zu erteilenden Betriebsgenehmigung nach der VO (EG) 216/2008[215], ausgenommen wird und es dem Unternehmer möglich ist in dem Drittstaat Flugdienste durchzuführen.

Eine Behinderung dieser Flugdienste hinsichtlich der unter die Resolutionen des Sicherheitsrates und der GASP-Beschlüsse des Rates fallenden Aktivitäten, der Beförderung von

---

[214] Flug ohne Ladung und ohne Entgelt im Rahmen einer Inspektion oder der Überführung des Luftfahrzeuges

[215] ABl. L 79/1 vom 19.3.2008 i.V. zur Aufhebung RL 91/670 EWG, VO (EG) 1592/2002, RL 2004/36/EG

Personen lt. Anhang zu den Beschlüssen, käme infrage durch die zweckorientierte und humanitär ausgerichtete, einen Luftfahrtunternehmer verpflichtende Tatsache, der staatlichen Kontrolle über sein Unternehmen.[216]

Danach heißt es in der folgenden Norm wie folgt:

"Zusätzlich zu den Bestimmungen dieser Verordnung muss das Luftfahrtunternehmen auch die mit dem Gemeinschaftsrecht zu vereinbarenden Bestimmungen des einzelstaatlichen Rechts beachten". Art. 15 VO (EG) 2407/92

Ableitend hieraus ergäbe sich, das eine verbindliche Umsetzung eines GASP Beschlusses des Rates in nationales Recht, aufgrund des Erlasses ausführender Rechtsvorschriften, dem Luftfahrtunternehmer der erforderliche Spielraum fehlen würde seinen Tätigkeit freien Lauf zu lassen.

Er müsste sich sodann an den einschränkenden Maßnahmen orientieren und die Beförderung der unter die Resolutionen fallenden Sachen und Personen ablehnen, andernfalls liefe er Gefahr, dass es zum Entzug seiner Betriebsgenehmigung käme, Art.8 (f) VO 218/2008, Art. 10 Abs. 1,2 VO 218/2008 oder mit Sanktionen und Bußgeldern zu rechnen ist.

Das Verbot ergibt sich allgemein aus Art. 1 des GASP-Beschlusses wie folgt:

" Lieferung, Verkauf oder die Weitergabe, auf direktem oder indirektem Weg.......durch Staatsangehörige der Mitgliedsstaaten........, oder unter Benutzung von ihrer Flagge führenden Schiffen oder Luftfahrzeugen....".

Die Benutzung eines die Flagge eines Mitgliedsstaat führende Luftfahrzeuges ist zu bejahen. Das Unternehmen ist mit seinem Verwaltungssitz in einem Mitgliedsstaat ansässig, seine Luftfahrzeuge sind in einem solchen eingetragen.[217]

3.3.2.3. Verbindlichkeit der GASP-Beschlüsse, Relevanz für den Unternehmer

Die Verwendung der Luftfahrzeuge von dem Luftverkehrsunternehmer zur Beförderung von den in der UNSCR 1737[218] sowie durch GASP Beschluss 140/2007 gelisteten Materialien, Artikeln ist demnach verboten.

Das Verbot ergibt sich sowohl auf internationaler Ebene durch die Resolution der Vereinten Nationen und auf europäischer Ebene durch den GASP-Beschluss des Rates.

---

[216]   nach VO 216/2008, analog in DE die Aufsicht d. d. Luftfahrtbundesamt,
[217]   nationale Register sowie Registerbehörde bei der EASA nach VO(EG) 216/2008, Staatenzugehörigkeit n. Art. 17CC
[218]   UN S/RES/1737(2006) reissued for technical resons, acc. Of the 5612[Th] meeting of Security Council

Hierzu auch § 13 des Anhangs. Gilt dieses Verbot jedoch auch für den Transport von Individuen, die im Anhang der Resolution des Sicherheitsrates der Vereinten Nationen oder im Anhang des GASP Beschlusses aufgeführt sind?

Artikel 4 des GASP-Beschlusses enthält folgende Definition:

(1)" Die Mitgliedsstaaten ergreifen die erforderlichen Maßnahmen zur Verhinderung der Einreise oder Durchreise in ihr beziehungsweise durch ihr Hoheitsgebiet"...

Im Folgenden sind unter den Buchstaben a) und b) Angaben darüber gemacht, welche Personen (Anhang der UNSCR mit namentlicher Listung) von dieser Beschränkung betroffen sind sowie zu welchem Personenkreis diese gehören müssen. (Forscher im Nuklearbereich)

Zunächst muss geklärt werden, ob eine Einreise oder Durchreise durch das Hoheitsgebiet eines Mitgliedsstaates von einer Person, gegen die Sanktionen verhängt wurden, besteht, wenn sich diese Person in das Luftfahrzeug des EU-mitgliedsstaatlichen Luftverkehrsunternehmens begibt, um sich von A nach B transportieren zu lassen.

Die Außengrenzen werden hierbei nicht überschritten, Wohnort, Arbeitsort und Forschungsort ist nach wie vor der Staat, gegenüber welchen, hinsichtlich einer Nuklearstreitigkeit mehrere "smart oder target sanctions"[219] verhängt wurden.

Eine Definition des Wortes Einreise lässt das EG-Recht vermissen. Wir finden hierfür wohl aber Verwendbares im deutschen AufenthG[220]. Eine Einreise ist nach dem Wortlaut des § 13 AufenthG erst dann vollzogen, wenn die entsprechende Person die Grenze überschritten hat, Abs. 2 Satz 1,3 AufenthG.

Die Überschreitung der Grenze ist an den dafür vorgesehenen und eingerichteten Grenzübergangsstellen notwendig. Eine Grenzübergangsstelle ist ein von den zuständigen Behörden für das Überschreiten der Binnen- oder Außengrenzen zugelassener Ort des Grenzübertritts[221]

Eine Einreise in das Hoheitsgebiet eines Mitgliedsstaates würde dann vorliegen, wenn die betreffende Person, die Grenze dieses Staates überschritten hätte.

Für den hiesigen Sachverhalt und i.R. des GASP-Beschlusses würde das bedeuten, die betreffende Person, deren Einreise verhindert werden soll, müsste sich an Bord eines Transportmittels begeben, um sich dann an die Grenze eines Mitgliedsstaates transportieren zu lassen, und diese Grenze überschreiten, sodass sie sich auf dem Gebiet des Mitgliedsstaates befindet.

---

[219] UNSCR 1696(2006), 1737(2006), 1747(2007), 1803(2008)
[220] Aufenthaltsgesetz, abgedruckt in Sartorius Kap. 565
[221] VO (EG) 562/2006 Pkt. 8 Abl. L 158 v. 30.4.2004 S. 77

In Bezug auf die UNSCR würde sodann gelten, dass die betreffende Person die Grenze eines anderen Staates, für den die UNSCR Geltung hat (Mitgliedstaaten der Vereinten Nationen) und die die Resolution schon in innerstaatliches Recht (Einreisebestimmungen) umgesetzt haben, hiermit gemeint dürften 190 Staaten sein, überschreiten muss. Entsprechendes ist in Art. 10 der UNSCR 1737[222] geregelt.

Anmerkung:

Es wird einige sehr wenige Länder geben, die den betreffenden Individuen freie Einreise gewähren lassen, größtenteils sind die Länder an die UNSCR gebunden.

Eine Einreise in einen Mitgliedstaat der Europäischen Union -con. GASP- oder in einen anderen Staat -con. UNSCR- liegt aber dann nicht vor, wenn die sanktionierte Person sich nur auf einen innerstaatlichen Flug begibt, mit der Grenze eines anderen Staates oder Mitgliedsstaates demnach gar nicht in Berührung kommt.

-somit ist hier auch nicht der mögliche Rechtsschutz gegen eine Einreiseverweigerung zu klären.-

Wie demnach festgestellt werden konnte, liegt eine Einreise, einer von sowohl der UNSCR als auch durch GASP-Beschlüsse sanktionierten Person nicht vor, soweit sie sich nur in ihrem "Heimatland" bewegt.

Diese Freizügigkeit wird ihr auch grund,- und völkerrechtlich garantiert (Art. 12 Abs. 1IPbürgR, Art.2 Abs. 1 des Protokolls Nr. 4 zur EMRK[223]).

Eine Einschränkung dieses Rechtes darf nur vorgenommen werden, wenn dies gesetzlich vorgesehen ist und zum Schutze der nationalen Sicherheit, der öffentlichen Ordnung, der Volksgesundheit, der öffentlichen Sittlichkeit oder der Rechte und Freiheiten anderer notwendig ist, Art 13 Abs. 3IPbürgR.

Sinngemäß ist auch der Wortlaut des Art. 2 Abs. 3 des Protokolls Nr. 4 zur EMRK. Da, die in dem Anhang II zu der UNSCR als auch des GASP Beschlusses aufgeführten Personen treibende Kräfte der Wissenschaft und Fortschritts des sanktionierten Landes sind, oder auch dem Staate in der Verwirklichung seiner Interessen[224] dienende Individuen sind, wird eine Einschränkung dieser Freizügigkeit in dem Lande nicht gegeben sein.

Aufgrund Verwirklichung nationaler Flugdienste des Luftverkehrsunternehmers in dem sanktionierten Staat, liegen demnach auch nicht die Voraussetzungen für eine Durchreise

---

[222] S/RES/1737(2006) Nr. 10 ''…vigilance regarding the entry into or transit through their territories'' namentliche Aufzählung folgt im Anhang (Annex) unter C
[223] Protokoll Nr. 4 zur EMRK BGBl.II S. 1054, 1074 vom 17.05.2002
[224] gemeint hierzu sind die Tätigkeiten auf dem Gebiet der Urananreicherung und Entwicklung von Kernwaffen

nach Art. 4 Abs. 1 des GASP Beschlusses vor (analog Art 10 UNSCR 1737). Im Weiteren kommen auch keine den Art.4 Abs.1 des GASP-Beschlusses 2077/140 ausschließenden Gründe der Absätze 3ff in Betracht.

Anmerkung:

Außer Betracht soll hiernach das Recht eines Mitgliedsstaates bleiben, eigenen Staatsangehörigen, die ebenfalls mit "target sanctions" in Causa belegt sind, die Einreise in ihren Staat zu erlauben. (Art.4 Abs.2 des GASP-Beschlusses 2007/140).

Schwierigkeiten bei der Anbietung und Durchführung von innerstaatlichen Flugdiensten in dem sanktionierten Staat könnten entstehen, wenn der Transport von Personen die in den Anhängen der UNSCR sowie GASP-Beschlüsse aufgeführt sind und unter "target sanctions" stehen, ausschließlich und nur für diesen Personenkreis durchgeführt wird.

Dies könnte sich beispielsweise so gestalten, dass man das Luftverkehrsunternehmen dahingehend nutzt, planmäßige und regelmäßige Personentransporte zwischen Wohnort und Arbeitsort dieser Personen durchzuführen.

Hiermit würde man nach allgemeiner Rechtsauffassung eine Beihilfe begehen, da der Flugunternehmer mit den Flugdiensten indirekte, wirtschaftliche Ressourcen zur Verfügung stellt und somit Hilfe leistet, die dazu dient, dass die bezeichneten Personen ihrer Arbeit, die entsprechend durch UNSCR und GASP sanktioniert wird, nachkommen können.

(Zur Beihilfe mehr unter § 14 des Anhangs)

Es ist nicht von Wichtigkeit, dass im Land andere nationale Luftverkehrsunternehmen zur Verfügung stehen[225], die eine gleiche Dienstleistung auch anbieten können.

Die Bindung solcher innerstaatlichen Unternehmen an die Resolutionen des Sicherheitsrates der Vereinten Nationen entfällt schon aufgrund einer nicht unterlassenen Umsetzung in innerstaatliches Recht (Kapitel Umsetzung).

Eine Bindungswirkung an die GASP-Beschlüsse des Rates entfällt aufgrund fehlender Mitgliedschaft in der EU.

Der sanktionierte Staat ist zugleich Mitglied der Vereinten Nationen nach Art. 9 UNO-Charta und Betroffener der Resolutionen des Sicherheitsrates.

Desweiteren sind die in den Anhängen der Resolution aufgelisteten Personen und Personenvereinigungen als Erfüllungsgehilfen dieses Staates tätig.

Durch die UNSCR soll dem Staat die Verpflichtung vermittelt werden, sich dem, mit dem Beitritt zu den Vereinten Nationen eingegangenen Anerkenntnis der Ziele und der Grund-

---

[225] das Land verfügt über 5 private Luftverkehrsgesellschaften, wobei 4 hiervon den int. Airport der Hauptstadt betreiben

sätze der Organisation (Art.1 und 2 UNO-Charta) einzuordnen und seine Tätigkeit, die nicht im Einklang hiermit stehen würden, aufzugeben.

Die Sanktionierung des Landes kann auch den zeitweiligen Entzug der Mitgliedschaft zur Folge haben (Art.5 UNO-Charta). Die Sanktionierung der Personen und Personenvereinigungen, die ebenfalls durch die UNSCR getroffen wurde, kann daher nur außerhalb dieses Staates wirksam betrieben werden, da dem Staat, in dem sich die Personen aufhalten und in dessen Dienst diese stehen keine Verpflichtung aus der UNSCR hat, zumal er selbst betroffen ist.

Fazit:

Die Freizügigkeit für die Personen und Personenvereinigungen in dem Lande ist daher weiterhin auch gegeben, selbst ein Transport dieser Personen im Rahmen eines normalen, zivilen Beförderungsvertrages durch ein EU-mitgliedsstaatliches Unternehmen ist daher keine Beihilfe zur Umgehung der UNSCR oder GASP-Beschlüsse.

Die reine Werksbeförderung dieser Personen sowie Beförderung von Materialien, Artikeln und sonstigen Technologien hingegen schon.(z.B. Verstoß gegen Art. 1 Abs. Bst. e) VO(EG)618/2007)

3.3.3. arbeitsrechtliche Gesichtspunkte
3.3.3.1.   Probleme der Personalentsendung

Einschränkungen des Luftverkehrsunternehmens in seiner Flugdiensttätigkeit könnten jedoch infolge arbeitsrechtlicher Gesichtspunkte bestehen.

Nach Ansicht des Sicherheitsrates der Vereinten Nationen, in Umsetzung der Resolutionen des Sicherheitsrates und aufgrund des Gemeinsamen Standpunktes in Fragen der Außen- und Sicherheitspolitik des Rates der Europäischen Union, gehen von dem sanktionierten Staat und den gelisteten natürlichen und juristischen Personen erhebliche Gefahren für die internationale Gemeinschaft aus.

Diese Rückschlüsse erfolgten durch den Sicherheitsrat aufgrund von Berichten des Direktors der IAEA[226] an diesen, in dem zum Ausdruck gekommen war, das Land würde an der Entwicklung von Nuklearwaffen tätig sein.

Ob die Forschung und Herstellung, sowie der Besitz von Nuklearwaffen eine Gefahr für

---

[226]   IEAE Director General's Report of 18 April 2006 (GOV/2006/27)

die internationale Gemeinschaft darstellt, blieb jedoch offen, man gehe nur aufgrund der eingangs geschilderten auf das Land zutreffenden Verhältnisse davon aus, dass dem so ist. (Insbesondere wohl aufgrund der machthabenden Führung des Staates und dessen Religion)

Dennoch ist damit zu rechnen, dass das Betriebspersonal sowie der Luftfahrzeugführer aufgrund ihres Aufenthaltes in diesem Staat erhöhter Gefahr ausgesetzt sind.

Diese Gefahr kann demnach schon dann gegeben sein, wenn weibliches Betriebspersonal entgegen den Bräuchen des Landes die Öffentlichkeit nutzt. Anzudenken ist hier nur die Situation, dass ein solches weibliches Individuum in "westlicher" Kleidungsmanier ein Restaurant besucht, hier vielleicht noch ein Glas Wein bestellt und trinkt.

Ein anderes Problem kann in der Betrachtungsweise liegen, dass man in der Berufsausübung einer Luftfahrzeugführerin einen Verstoß gegen nationale Bräuche sieht, da eine generelle Berufsausübung, gerade noch ein derartiger Beruf, noch in vielen Teilen der islamischen Welt den Männern vorbehalten ist.

3.3.3.2. vertragliche Grundlagen

Das Betriebspersonal und der Luftfahrzeugführer (nachfolgend auch nur Personal oder Crew genannt, da zum Betrieb eines Luftfahrzeuges im Passagierverkehr beides erforderlich ist) sind aufgrund arbeitsrechtlicher Verträge bei dem Luftverkehrsunternehmer angestellt.

Die Entlohnung erfolgt in vielen Luftverkehrsgesellschaften nach einem bestimmten System, in Abhängigkeit von der geleisteten Arbeitszeit und der Flugstrecke[227] sowie der Flugzeit[228]. Sowohl Luftfahrzeugführer als auch Betriebspersonal sind Arbeitnehmer, da sie aufgrund privatrechtlicher Dienstverträge zur Erbringung einer unselbständigen Dienstleistung gegen Entgelt verpflichtet werden.[229]

Die sich sowohl für den Beruf des Luftfahrzeugführers als auch für das Kabinenpersonal (einschl. sonstigem Betriebspersonal ohne Ingenieur) ergebenden Arbeitsbedingungen ergeben sich aus der allgemeinen Anschauung dieser Berufe.

Eine weitere Darstellung erfolgt unter § 15 des Anhangs.

Beide Berufsbilder unterliegen einer internationalen Gleichstellung in ihren Arbeitsaufgaben und Arbeitsbereichen. Eine Ausbildung beider Gruppen orientiert sich für den Einsatz

---

[227] vorgeschriebener Weg zwischen Abflugs- und Ankunftsort, kann auch eine Zwischenlandung beinhalten
[228] Differenz zwischen Landungszeit und Abflugzeit bereinigt um die Zeitverschiebungen
[229] so Alpmann-Brockhaus

in der zivilen Luftfahrt, wonach aber auch nicht auszuschließen ist, dass der Arbeitseinsatz in Krisengebieten erfolgen kann.

Darüberhinaus besteht bei Anstellung des Personals eine Informationspflicht des Arbeitgebers über die wesentlichen Vertragsbedingungen. Diese Pflicht trifft auch den EU-mitgliedsstaatlichen Arbeitgeber aufgrund der RL 91/533/EWG.[230]

Hierunter fallen alle Arbeitsverhältnisse, die in dem, in einem Mitgliedsstaat geltenden Recht definiert sind, und/oder dem in einem Mitgliedsstaat, dessen Recht es unterliegt, ein Arbeitsverhältnis, besteht.

Der Luftverkehrsunternehmer hat seinen Verwaltungssitz in einem Mitgliedsstaat der EU.

Der Unternehmer ist daher verpflichtet, entsprechend der Richtlinie, den Arbeitnehmer spätestens 2 Monate nach Aufnahme seiner Tätigkeit über alle wesentlichen Punkte des Arbeitsvertrages in Kenntnis zu setzen.

Hierzu gehören Angaben zu Personalien, dem Arbeitsplatz, eine Tätigkeitsbeschreibung, den Zeitpunkt des Beginns der Tätigkeit, eine mögliche Befristung, Urlaubsdauer, Kündigungsfristen und das Arbeitsentgelt sowie die Arbeitszeit. (Art.2 Abs. 2 RL 91/533/EWG)

Hinzu kommen können noch weitere Informationen wie Kollektivverträge und sonstige wichtige Punkte für das Arbeitsverhältnis.

Darüberhinaus trägt der Unternehmer die Pflicht, da es sich um einen erstmaligen Einsatz handelt, Arbeitnehmer die mindestens einen Monat in einem oder mehreren anderen Ländern eingesetzt werden weitergehende Informationen wie über die Dauer der im Ausland ausgeübten Tätigkeit, die Währung, in der das Arbeitsentgelt ausgezahlt wird sowie gegebenenfalls die mit dem Auslandsaufenthalt verbundenen monetären Vorteile oder Vorteile in Naturalien und die Bedingungen für die Rückführung zu informieren.

Der Arbeitsplatz der CREW in einem Zivilluftfahrzeug[231] ist unstreitig das Luftfahrzeug an sich, konkret für den Piloten das Cockpit, für das Kabinenpersonal die Kabine, in der Gesamtheit hier das Flugzeug des Typs BOING[232].

Ein Einsatz beider der CREW angehörenden Berufsgruppen an anderer Stelle als dem eines Flugzeuges ist wohl auch berufstypisch[233] schon nicht gegeben.

Jedoch strittig für beide Berufsbilder dürfte die Frage nach dem Arbeitsort sein.

Lt. herrschender Definition, ist der Arbeitsort der Betrieb am Standort des Unternehmens[234].

Es kann aber auch der Ort sein, an dem der Arbeitnehmer seine Arbeitsleistung zu erbrin-

---

[230] ABL. L 288 vom 18.10.1991, mit bislang zahlreich erfolgten Änderungen
[231] Flugzeug das zur zivilen Beförderung eingesetzt wird
[232] BOING 737, nach spezifischer Bauartgruppe, ohne besondere Abänderungen der Konstruktion
[233] Ausnahmen v.a. bei einer Schwangerschaft sind jedoch möglich
[234] so auch valuenet

gen hat[235]. Bei Heimarbeitern ist dies der Ort ihres Zuhauses.

Der Arbeitsort für Luftfahrzeugführer und Kabinenpersonal dürfte demnach die Strecke sein, auf welcher beide ihre Arbeitsleistung erbringen, im Normalfall als Ausgangsort der Tätigkeit der Heimatstützpunkt des Luftfahrzeuges und Unternehmers.

Begeben sich aber beide nunmehr an einen anderen geographischen Punkt, um über eine gewisse Zeit von diesem anderen Punkt aus ihre Arbeitsleistung zu erbringen, hat sich ihr Arbeitsort verlagert.

Ein Arbeitsort kann nämlich nur dort sein, wo die Mittel zu einer Diensterbringung zur Verfügung stehen. Deshalb kann ein Pilot niemals an einem anderen Ort arbeiten als an dem er die Möglichkeit hat ein Flugzeug, für das er Berechtigung besitzt, zu benutzen und so seine Arbeitsaufgabe erfüllen.

Der Arbeitsort des Personals der EU-mitgliedsstaatlichen Fluggesellschaft hat sich mit deren Verbringung in einen anderen Staat nämlich verändert. Im Zuge dieser Veränderung haben sich darüber hinaus wichtige arbeitsvertragliche Veränderungen ergeben, sodass der Arbeitgeber zumindest verpflichtet gewesen ist, dem Personal diese Ortsverschiebung anzuzeigen.

Zur Anmerkung:

Eine Arbeitsverweigerung ist jedoch nicht erfolgt, sodass darauf zu schließen ist, dass entweder der Unternehmer dieser Pflicht nachgekommen ist oder aber man zu diesen Maßnahmen seitens des Personals nicht gegriffen hat.

Schließlich ist mit Einstieg in die erwähnten Berufe eine gewisse Gebundenheit an den Unternehmer (mangels tausender Arbeitsangebote und speziell meist betrieblichen Ausbildungen) gegeben.

Desweiteren werden als Einsatzort des Personals im Luftverkehr häufig nur oberflächliche Angaben wie " alle Strecken der Gesellschaft" etc. gemacht.

Es ist vage zu vermuten, dass eine Arbeitsverweigerung aufgrund der Arbeitsortverschiebung auch arbeitsgerichtlich Bestand gehabt hätte.

---

[235] Juracity

3.3.3.3.   Delegationsrecht des Dienstgebers, Recht zur Arbeitsverweigerung?

Zur Diensterfüllung der sich aus dem Arbeitsvertrag ergebenen Pflichten des Arbeitnehmers steht dem Arbeitgeber ein gewisses Delegationsrecht zu, andernfalls kann der Arbeitgeber die Kündigung des Arbeitsvertrages vornehmen und Schadensersatz verlangen.
So auch LAG RPf 2Sa 950/04 vom 12.04.2005

Zur weiteren Darstellung:
In Ausübung beider Berufe und unter Berücksichtigung völkerrechtlicher Abkommen in der Zivilluftfahrt (Art. 3 und 4 Chicago Convention) geht das Spektrum dieser Arbeitnehmer von einer auf friedlichem Geschehen beruhenden Arbeitsgrundlage aus -anders bei Militärpiloten-.
Sollte der Personaleinsatz dahingehend erfolgen, dass die Erbringung der Arbeitsleistung sowohl für den Luftfahrzeugführer als auch für das Kabinenpersonal eine der aufgelisteten Bedingungen erfüllt, könnte das Personal die Erbringung der Leistung verweigern.

Eine Arbeitsverweigerung käme in folgenden Fällen in Betracht und würde auch gerechtfertigt sein:

- ☐ Ansteckungsgefahr mit gefährlichen Krankheiten
- ☐ Zurverfügungstellung unsicherer Arbeitsmittel
- ☐ fehlende Zurverfügungstellung von Arbeitsutensilien wenn der Arbeitgeber hierfür verantwortlich ist
- ☐ im Falle einer Pflichtenkollision
- ☐ im Falle eines Streiks
- ☐ aus Gründen der Gewissensfreiheit
- ☐ fehlender Sozialversicherungsschutz
- ☐ unzulässige Mehrarbeit
- ☐ Nichtbeteiligung des Betriebsrats an einer mitbestimmungspflichtigen Maßnahme

Neben der Frage einer möglichen Arbeitsverweigerung aufgrund der Arbeitsortverschiebung wegen fehlender vorheriger Anzeige durch den Arbeitgeber könnte noch eine Gefährdung des Personals aus den obigen Punkten möglich sein.
Zu ersterem Punkt lagen für den genannten Zeitraum des Arbeitseinsatzes keine Informationen vor, zumal sich dieser Situation das Luftfahrzeugpersonal ständig ausgesetzt sehen muss und die erforderlichen Vorkehrungen zur Eindämmung bereits an den Flughäfen vorgenommen wird, Art. 14 CC.
Eine Arbeitsverweigerung aus dem zweiten Punkt käme dann in Betracht, wenn dem

Personal defekte Luftfahrzeuge oder solche, die eine Luftsicherheit nicht gewährleisten oder über eine nicht gültige Betriebsgenehmigung verfügen zur Verfügung gestellt werden würden.

Aber auch für diesen Fall enthält die CC eine Schutznorm. In ihrem Art. 16 ist es jedem Vertragsstaat erlaubt, die Luftfahrzeuge eines anderen Vertragsstaates zu untersuchen und dessen Zeugnisse und die vorgeschriebenen Papiere zu überprüfen.

Im Normalfall müssten die zuständigen Behörden einen Start oder eine Landung verweigern.

Mit einer solchen Maßnahme wäre das Recht zur Arbeitsverweigerung ohnehin ohne Zutun des Personals *restitutus*.

Das abgeordnete Personal ist seiner Vertragserfüllung vollständig nachgekommen. Daher ist auch in diesem Zusammenhang eine weitere Prüfung möglicher Arbeitsverweigerungsgründe nicht vorzunehmen.

In Bezug auf einen anderen Sachverhalt könnte sich eine genaue Durchleuchtung dieser Grundvoraussetzungen durchaus notwendig machen.

Kurz zu einem anderen Aspekt.

Es ist aber dennoch festzuhalten, dass eine Arbeitsverweigerung dann möglich wäre, wenn es räumliche Distanz zwischen Aufenthaltsort und Arbeitsort (die Strecke vom Unterbringungsort, z.B. Hotel zum Startort des Luftfahrzeuges, i.d.R. sicherer Flughafen) gibt und eine sichere Verbindung beider Orte nicht gewährleistet ist.

Als sichere Verbindung wäre beispielsweise der werksinterne Personentransport anzusehen. Dieser wurde in dem vorliegenden Sachverhalt durch einen beauftragten Dritten ausgeführt. Sicherheit für das Personal ist in jedem Fall dann nicht gewährleistet, wenn das Personal die Erreichung eines der benannten Orte mit Hilfe von öffentlichen Verkehrsmitteln vornehmen muss.

Aufgrund der islamischen Anschauung, Erziehung und Lebensweise der Staatsangehörigen des sanktionierten Staates wären Übergriffe zum einen aufgrund der

- ☐ Äußerlichkeit der Personen
- ☐ der Kleidungsmanier, ob in Dienstuniform oder in ziviler Kleidung
- ☐ Verhaltensweise
- ☐ der Sanktionen die das Land wirtschaftlich auch beeinträchtigen

möglich.

Die Regel solcher "Auslandseinsätze" ist im Normalfall die, dass der Arbeitgeber den Wohnraum zur Verfügung stellt.

-(auch im vorliegenden Sachverhalt gegeben)-

Demzufolge würde der Arbeitgeber als unmittelbarer Eigentümer des Wohnraums das Personal in ihm aufnehmen und ihm kostenlos die Nutzung und evtl. noch Verpflegung überlassen. Selbst diesen hat er in Ansehung auf die Gesundheit, die Sittlichkeit und die Religion des Verpflichteten zu gestalten.

Das heißt er hat selbst hier Vorkehrungen zu treffen, dass der zum Dienst Verpflichtete keinen Schaden nimmt. Bei der Unterbringung in einem Hotel ist dies gegeben, soweit eine Auswahl des Hotels sorgfältig erfolgt ist.

(In diesem Falle wäre dem so wenn die Unterbringung in einem nach westlichem Standard erbauten und eingerichteten und unter einer solchen "Herrschaft" stehendem Hotel erfolgen würde.)

Der Grundsatz dieser Regelung ergibt sich aus der Verpflichtung des Arbeitgebers, die Arbeit so zu gestalten, dass eine Gefährdung für Leben und Gesundheit möglichst vermieden und die verbleibende Gefährdung möglichst gering gehalten wird.

Ein einheitliches europäisches Regelwerk ist nicht in Kraft gesetzt. Lediglich wurden mehrere Richtlinien seitens der Union erlassen, diese sollen jedoch nur grundlegende Mindeststandards garantieren.

Eine Schutzpflicht ergibt sich jedoch aus der allgemeinen Anschauung.

- Deutschland kodifiziert diese Norm in § 4 Abs. 1 und 2 ArbSchG, auf internationale Ebene ergeben sich diese Rechte aus völkerrechtlichen Verträgen zum Schutz der Menschenrechte z.B. Art.2, 5 EMRK)- soweit nationale Regelungen diese Schutzwirkung nicht enthalten.

Im Übrigen soll auch bedacht werden, dass der Unternehmer von sich aus Interesse am Schutz des Personals haben wird, da eine eingetretene Gefährdung und Schadennahme nicht nur eine wirstschaftliche Konsequenz für den Unternehmer mit sich bringen wird. Er müsste sodann geplante Flugdienste "canceln" oder verspätet durchführen.

3.3.3.4. Rechtfertigung einer Arbeitsverweigerung aufgrund besonderer Situation

Der Luftverkehrsunternehmer hat, um seiner Schutzverpflichtung nachkommen zu können, einen generellen betrieblichen Transport des Personals von der Unterkunft zum Arbeitsplatz eingerichtet. Mit Hilfe geeigneter Transportmittel wird das Personal sodann zum Flughafen verbracht, als auch wieder in die Unterkunft transportiert. Dienlich sind dem Dienstgeber hierbei die Anwerbung zuverlässiger und geeigneter Transportbetriebe des Straßenverkehrs.

Eine Arbeitsverweigerung wäre daher nicht gerechtfertigt.

Eine Arbeitsverweigerung würde aber auch dann gerechtfertigt sein, wenn Gefahr für das Leben der CREW bestehen würde.

Die Resolutionen des Sicherheitsrates der UN sowie die GASP-Beschlüsse sanktionieren das Land in Form einer Erschwerung oder der Behinderung deren Vorhaben im Bereich der Nuklearenergie und im Bereich der Urananreicherung.

Der Sicherheitsrat der UN als auch der Rat der europäischen Union hat es aber in seinen Resolutionen oder GASP-Beschlüssen nicht als erwiesen angesehen, dass von dem genannten Land Gefahr für die Zivilluftfahrt ausgehe.

Im Übrigen besteht gegen das Land kein Luftverkehrsembargo (im Vergleich zu der Resolution UN 757 (1990) gegen Serbien und Resolution UN 670(1990) gegen Irak.

Im Anhang I wird Bezug auf ein Flugembargo genommen.

Eine Gefahr für Leib und Leben des Personals würde im Hinblick auf die Tätigkeit in dem sanktionierten Staat dann bestehen, wenn mit hoher Wahrscheinlichkeit davon auszugehen ist, dass eine Situation eintreten kann, die zu negativen Auswirkungen auf das Leben oder die Gesundheit des Personals führt.

Hierzu muss natürlich deutlich dahingehend unterschieden werden, ob die Tätigkeit des Personals eines Luftfahrzeuges an sich nicht schon einer Gefährdung unterliegt, zumindest bestehen ja die allgemein akzeptierten Gefahren, die als Grenzrisiko gänzlichst nicht ausgeschlossen werden können.

Grundsätzlich kann die Arbeitssicherheit des Flug-und Betriebspersonals eines Luftfahrzeuges durch technische, organisatorische und persönliche Maßnahmen eingegrenzt werden.

Dies geschieht beispielsweise hinsichtlich technischer Möglichkeiten durch die regelmäßige Untersuchung des Luftfahrzeuges sowie durch die Auferlegung technischer Vorschriften sowohl auf internationaler (CC, ICAO), europäischer(VO 216 EG) als auch nationaler Ebene (in DE Luftverkehrsgesetz).

Technische Realisierung erfolgt beispielsweise durch Untersuchung der Flugzeuge bei jedem Start oder Landung.

Eine Gefährdung des Personals wird somit auf ein Minimum reduziert.

Einer Verminderung der Gefährdungssituation für das Bordpersonal wird auch auf organisatorischer Ebene, wie beispielsweise durch die fachliche Ausbildung des Personals, sowie durch Vorschriften zur Überwachung des Luftverkehrsunternehmers auf seine Zuverlässigkeit und Zahlungsfähigkeit, auch durch Versicherungsvereinbarungen oder durch Personen- und Gebäckkontrollen an den Flughäfen hergestellt. Dennoch besteht bei diesen Tätigkeiten, wobei diese Berufe zu den gefährlichsten an sich zählen[236] ein gewisses Restrisiko, das selbst durch sämtliche, technisch und wissenschaftlich in Betracht zu ziehende Möglichkeiten nicht ausgeschlossen werden kann.

Kann so über dieses Restrisiko hinaus ausgeschlossen werden, dass diese Gefahr oder Gefährdung des Personals nicht gegeben ist, wenn das Personal seine Arbeitsleistung in diesem Staat nicht zur Verfügung stellen wird.

Seit den Anschlägen vom 11. September sind die Airlines zum Ausgleich des Drittschadensrisikos auf Staatshilfen angewiesen, die privaten Versicherer hatten ihre Deckungen weltweit zurückgezogen.[237]

Die Risiken der Airlines sind seitdem, gerade in Bezug auf terroristische Anschläge exorbitant gestiegen.[238]

Erhöhte Kontrollen von Gebäck und Passagieren, Transportbeschränkungen für gewisse Sachen oder sonstige sicherheitsrelevante Neuerungen (Counter terrorism commitee[239]) haben diese, vor dem 11. September 2001 nicht wahrgenommene Gefahr zwischenzeitlich normalisiert, vor Angriffsversuchen bleiben die Airlines dennoch nicht restlos geschützt.

Das für beide Berufsgruppen bestehende Grenzrisiko und auch Restrisiko kann keinesfalls ausgeschlossen werden, durch Einhaltung der vorgegebenen Mindeststandards [240] werden beide Risiken jedoch auf ein Minimum reduziert.

Dennoch trifft ein Luftverkehrsunternehmen, gestützt auf Berichte und Erkenntnisse der

---

[236] Einordnung der Allianz Versicherung
[237] Handelsblatt vom 06.03.2002
[238] Terrorschutz als Zusatzversicherung, z.B. AIG versichert USD 3,10 je Passagiere
[239] CTED, gegründet 2004 vom Sicherheitsrat der UN, UNSCR 1373(2001) Unterorganisation der UN,
[240] Bericht der AUA für die Zielroute Irak

internationalen Zivilluftfahrt-Organisation (Art. 44, Bst. d und h) die Entscheidung für sich "selbst", bestimmte Ziele oder Staaten nicht anzufliegen, wenn sich hieraus Gefahren für Mitarbeiter, Personal und Gerät ergeben.

Hierzu treffen die Airlines schon im Voraus pro-aktive Maßnahmen um sich auf die jeweilige Situation schnellstmöglich einstellen zu können.[241]

Die meisten internationalen Luftverkehrsunternehmen verfügen über ausreichend Erfahrung im Umgang mit territorial politischen und wirtschaftlichen Krisenszenarien, kleinere Airlines, die diese Einrichtungen nicht besitzen, sind meist durch Kooperationsverträge (z.B. IATA) an die großen Airlines angeschlossen. Diese können somit von deren Krisenmanagement profitieren.

3.3.4. versicherungsrechtliche Gesichtspunkte
3.3.4.1.   Versicherungspflicht im Luftverkehrsgewerbe

Genauer genommen ist die oben dargestellte Selbstbestimmung eines Luftverkehrsunternehmens, gewisse Ziele anzufliegen an weitere Punkte geknüpft. Zum Betrieb eines Luftverkehrsunternehmens gehört sowohl für den allgemeinen Geschäftsbetrieb als auch für den Flugbetrieb eine versicherungsrechtliche Deckung. Diese dient der Absicherung gegen Gefahren für Mitarbeiter, Passagiere und Gerät sowie Post und Fracht, soweit dies befördert wird.

Zum einen besteht die gesetzliche Pflicht, z.B.in Deutschland aufgrund des §101 LuftVZO, eine Haftpflichtversicherung abzuschließen, die zur Deckung von Schäden an Dritten außerhalb der Kabine einsteht, die sogenannte Luftfahrt-Haftpflichtversicherung[242] , zum anderen muss eine Versicherung für die Absicherung von Schäden gegenüber den Passagieren bestehen, die sogenannte Luftfahrt-Insassenversicherung.[243] ·

Analog sind die Versicherungspflichten eines Luftverkehrsunternehmers in verschiedenen EU-Verordnungen (VO (EG) 785/2004[244], ECAC/25-1 geregelt, somit ist davon auszugehen, dass das EU-mitgliedsstaatliche Luftverkehrsunternehmen den gleichen Bedingungen für die Erteilung der Betriebsgenehmigungen unterworfen ist.[245]

Der Abschluss der für den Flugbetrieb notwendigen Versicherungen, wobei die oben

---

241 Bericht der AUA i.Z. mit dem Embargo gegen Irak vom 12.02.2003
242 2002 erfolgte hierzu eine neue, in sechs Tarife reformierte Neugliederung, mehr hierzu in Heimbrücher, Einführung in die Haftpflichtversicherung
243 Anforderungen nach VO(EG)785/2004
244 ABl. L 138/1 vom 30.04.2004 mit ECAC/25-1 als europ. Maßnahme i.R. der CC
245 VO (EG) 2407/1992, 2027/1997, 785/2004

aufgeführten Versicherungen nicht abschließend sind, und darüberhinaus weitere Versicherungen für den Unternehmer erforderlich werden (Terrorschutz, Sachversicherungen, Kaskoversicherung) kann ein Flugunternehmer bei einer Versicherungsgesellschaft abschließen, die diese Leistung anbietet.

Die globale Versicherungsmarktwirtschaft konzentriert sich auf vier Zentren: New York, Atlanta, Paris und London. Die im Luftfahrtgeschäft operierenden Versicherungsgesellschaften sind meistens in sog. Mitversicherungs-Pools zusammengeschlossen, in denen eine spezielle Agentur die Risikoeinschätzung und -zeichnung vornimmt. Zu den weiteren Aufgaben dieser Agentur gehört das Schadensmanagement, Risikomanagement sowie der Abschluss der Rückversicherungsverträge.

Große Fluggesellschaften sind dabei gleichzeitig in mehreren Pools oder bei großen Versicherungsgesellschaften versichert.

Zur Anmerkung:

Nach den Ereignissen des 11. September 2001 haben sich viele Gesellschaften aus dem Geschäft mit Luftfahrtversicherungen zurückgezogen.

Versicherungsverträge sind Verträge, die ein Vertragsverhältnis zwischen dem Versicherungsnehmer (Luftfahrzeugbetreiber[246]) und dem Versicherungsgeber (Versicherungsgesellschaft) begründet.

Das Versicherungsrecht ist nationales Recht, eine Regelung auf EU-Ebene gibt es noch nicht. Zumal verpflichtet die LuftVZO den deutschen Versicherungsnehmer auch zum Abschluss eines Haftpflichtvertrages bei einem Versicherer der in Deutschland zum Geschäftsbetrieb befugt ist, §105 Abs. 1 LuftVZO (Ausnahmen n. Abs.2). Desweiteren liegen einer solchen Versicherung bestimmte Deckungsgrößen für den Schadensfall zugrunde. VO. (EG) 785/2004 Art. 7,§§102,103,104LuftVZO.

Ein Luftfahrzeug ohne Versicherungsschutz darf nicht betrieben werden, stellt ein Mitgliedsstaat fest, dass die Versicherungspflichten des Luftfahrzeugbetreibers oder des Luftverkehrsunternehmers nicht erfüllt sind, so hat es den Start zu untersagen. Art5, Abs.7 VO (EG)785/2004.

Auf die von einem Versicherer zum Betrieb des Versicherungsgeschäftes erforderlichen Voraussetzungen, sowie deren Strukturen soll in diesem Handbuch nicht weiter eingegangen werden.

---

[246]   sind Unternehmer oder sonstige Arbeitgeber mit Genehmigung oder Erlaubnis zur Durchführung von Flügen §2 Abs.1 FlStrSchV sowie RL 26/29 EURATOM vom 13.05.1996 Abl. L 159 vom 29.6.1996

Versicherungsverträge sind aber auch privatrechtliche Verträge, die sich neben den Bestimmungen der nationalen Normen (in vielen Ländern der Union Versicherungsvertragsgesetz genannt) an den Geschäftsbedingungen des Versicherungsgebers orientieren.

Privatrechtlichen Verträgen stehen, anders als bei öffentlich-rechtlichen Verträgen gleichgestellte Rechtssubjekte (natürliche und/oder juristische Personen) gegenüber, beide geben in dem Vertrag ihren Willen zum Ausdruck. Durch die eher geringe Auswahl von Anbietern an Luftfahrthaftpflichtversicherungen ist dem Versicherungsnehmer in gewisser Weise eine Schranke hinsichtlich seiner Willensfreiheit bei der Vertragsbegründung gesetzt. Man kann sagen, dass diese Leistung eine sich auf Oligopole beschränkende Dienstanbietung (nach durchaus erfolgter Absprache der einzelnen Versicherer untereinander) ist und ein Luftverkehrsunternehmer dem Zwang unterliegt, die Bedingungen der Gegenseite zu akzeptieren, will er seine Flugzeuge "fliegen " lassen.

Somit ist es Gang und Gebe, dass es zu Deckungsbeschränkungen in der Luftfahrtversicherung kommt. Generell sind in den Verträgen Ausschlüsse für Ansprüche als Folge kriegerischer Handlungen, Unruhen oder einer verbrecherischen Verwendung des Luftfahrzeuges gegeben.

Eine Zusatzabsicherung, wie z.B. gegen Terrorismuseinwirkung oder Kriegshandlungen ist aber aufgrund der gesamtweltlichen Terrorgefahr möglich und wird gegen Zusatzprämie auch angeboten. (sog. extended coverage endorsement).

Derartige Spezialbedingungen beinhalten jedoch auch eine kurze Kündigungsfrist von nur sieben Tagen seitens des Versicherers.
Diese Kündigungsfrist rührt daher, dass mit Ausbruch eines Krieges oder eines terroristischen Anschlags die Risikolage dermaßen tiefgreifend verändert wird, dass eine längerfristige Deckungszusage betriebswirtschaftlicher und versicherungstechnischer Vernunft widerspräche.

3.3.4.2.   Auswirkung der Versicherungspflicht

Im Fazit bedeutet das: Würde der Luftverkehrsunternehmer in dem zugrunde gelegten Sachverhalt seine Tätigkeit in einen Staat verlegen, in dem damit zu rechnen ist, dass aufgrund terroristischer Anschläge oder sonstiger Kriegshandlungen für das Luftfahrzeug sowie für die Passagiere und die Ladung Gefahr bestehen würde, hätte der Versicherer die Deckungszusage für die notwendigen Versicherungen verweigert oder gekündigt.

Somit wäre es dem Unternehmer nicht möglich gewesen sein Vorhaben, versicherungs-rechtlich abgedeckt, auszuführen[247]

Diese Meinung gibt auch die Einschätzung der internationalen Gemeinschaft wieder, da die Sanktionen in anderer Weise erlassen worden wären. Eine Beschränkung auf die Waren-verkehrsfreiheit und Handelsfreiheit bestimmter Artikel (Anhang I UNSCR1737) sowie auf die Personenverkehrsfreiheit der aufgeführten Individuen (Anhang II UNSCR 1737) wäre nicht erfolgt.

Zudem bestand in dem benannten Zeitraum kein Flugverbot aufgrund einer verschärften Sicherheitslage oder ein Flugembargo.

Damit ist festzuhalten, dass aus versicherungsrechtlichen Grundsätzen heraus, eine Ver-weigerung der Ausstellung einer Haftpflichtpolice nicht gerechtfertigt wäre, und der Un-ternehmer bei seinen Tätigkeiten in dem Staat Versicherungsschutz genießen muss und somit zur Dienstleistung in Hinsicht auf diesen Punkt berechtigt ist.

3.3.4.3.   Ergebnis

Wie das Resultat dieses Buchwerks aus den behandelten Kapiteln erkennen lässt, hat der EU-mitgliedsstaatliche Luftverkehrsunternehmer trotz bestehendem Embargo, UNSCR in vorhergehender Darstellung sowie GASP-Beschlüsse der EU, die Möglichkeit und die Freiheit, in dem sanktionierten Land innerstaatliche Flugdienste auf eigenes Risiko und eigene Rechnung durchzuführen.

Voraussetzung für eine geordnete und gerechtfertigte Erbringung dieser Dienste sind folgende Punkte, die hier nochmals zusammengefasst werden:

1.   der Luftverkehrsunternehmer verfügt über die notwendige Betriebserlaubnis und Durchführungsgenehmigungen für den Luftverkehr, die Luftfahrzeuge sind in dem EU-Mitgliedsstaat eingetragen in dem er seinen Verwaltungssitz hat

2.   es liegt eine Erlaubnis oder besondere Ermächtigung des Staates vor, in dem der Unternehmer diese Dienstleistung betreibt

3.   seine Tätigkeit wird gewerblich und gegen ein Entgelt betrieben

4.   seine Transporte betreffen Passagiere, Post und Ladung in der für die Zivilluftfahrt üblichen Weise

5.   seine Ladung beinhaltet keine Artikel und Materialien, sowie Technologien, die in

---

[247]   vgl. MAP Airline Streckeneinrichtung in den Irak

den Anhängen der UNSCR oder GASP-Beschlüsse aufgeführt sind

6. er betreibt die Dienstleistung, soweit es sich um Personen und Personenvereinigungen handelt, die in den Anhängen der UNSCR oder GASP-Beschlüsse aufgeführt sind, nur innerhalb dieses Staates und nur im Bereich der üblichen Zivilluftfahrt, keine Werksbeförderung dieser Personen oder Personengruppen

7. er hat neben den Erfordernissen des Punktes 1 darüberhinaus eine Deckungszusage seines Versicherers

8. er erbringt die ihm obliegende Pflicht zur Sicherstellung, dass das für die Erbringung der Leistung erforderliche Personal entsprechend von einem erhöhtem Risiko befreit wird, welches außerhalb des üblichen Grenzrisikos besteht.

3.3.5. Zulässigkeit für die Tätigkeit in Bezug auf andere Vertragsformen
3.3.5.1. Code-Sharing und Wet-Lease sowie bilaterale Verträge

Wie verhält sich nunmehr die Sachlage, und was wären die Voraussetzungen für eine rechtmäßige Überlassung des Luftfahrzeuges und Personals im Rahmen von "Wet-Lease" Verträgen oder aufgrund sog. Code-Sharing Verträgen.

Code-Sharing Verträge sind "neuzeitliche" Verträge. "Neuzeitlich" daher, da diese Art Leistungsteilung zwischen zwei oder mehr Beteiligten zum ersten Mal 1989 [248] durchgeführt wurde.

Code-Sharing Verträge sind Vereinbarungen zweier oder mehrerer Luftverkehrsunternehmen zur Durchführung eines gemeinsamen Linienfluges. Der ausführende Unternehmer stellt Fluggerät und Crew[249] sowie das erforderliche Handling zur Verfügung, der Ticketverkauf erfolgt durch die Partner.

Code-Sharing Verträge dienen der Kostenminimierung und besseren Platzauslastung sowie der Teilung von Handlingkosten und Flughafengebühren[250].

Durch derartige Verträge ist es den Airlines darüberhinaus auch möglich mehr Ziele und Routen zu bedienen und somit dem Kunden ein umfangreicheres Streckenangebot zu liefern. Meist werden Code-Sharing Verträge im Rahmen von Allianzen[251] durchgeführt.

Zur weiteren Darstellung von Code-Sharing Verträgen vgl. § 17 Anhang.

---

[248] von Alitalia durchgeführt auf der Strecke Katania/Sizilien nach Malta im Auftrag von American Airline und Quantas Airways

[249] Crew beinhaltet Cockbit-und Kabinenpersonal für Personentransporte

[250] Gebühren des Flughafenbetreibers gegen für die Nutzung seines Flughafens, von der jeweiligen Airline zu tragen

[251] bspw. Star Alliance oder IATA

Wer Code-Sharing Abkommen eingehen darf, ist in den jeweiligen Luftverkehrsabkommen zwischen den einzelnen Staaten geregelt, wobei im europäischen Luftverkehrsmarkt Code-Sharing grundsätzlich allen Luftverkehrsunternehmen gestattet ist. Auf dem Ticket steht in der Regel nur die Flugnummer, auf der Bordkarte nur die Flugnummer der Airline, die den Flug gebucht hat, sodass es unter Umständen für den "Normalkunden" nicht ersichtlich ist, ob er nun einem Code-Sharing Vertrag ausgesetzt ist.

3.3.5.2. Grenzen der Anwendbarkeit

Aufgrund der Liberalisierung des europäischen Luftverkehrsmarktes durch die Europäische Union (VO EWG 2407/92, 2408/92, 2409/92)[252] sind die früher existierenden bilateralen Luftverkehrsabkommen zwischen Vertragsstaaten der Gemeinschaft nunmehr obsolet geworden.

Dennoch schlossen Mitte der neunziger Jahre acht Mitgliedsstaaten bilaterale Abkommen mit Drittstaaten, darunter auch Deutschland. Wegen ihrer besonders liberalen Struktur werden diese Abkommen als "open sky" Abkommen[253] bezeichnet, was auch im Nachhinein zu heftiger Diskussion geführt hat. Vertragsverletzungsverfahren wurden gegen die Staaten eingeleitet, welche schlussendlich zu den "Open Sky"-Urteilen des EuGH[254] führte.

In ausführlicher Begründung und Aktualisierung der AETR-Rechtsprechung[255] wies er der EG die Kompetenz für den Abschluss eines Gemeinschaftsluftverkehrsabkommens mit einem Drittstaat in dem Umfang zu, wie die EG-Organe im EG-internen Bereich Recht gesetzt haben und damit eine Vereinheitlichung im Luftverkehr schufen.

Dies bedeutet für den jeweiligen Mitgliedsstaat, das mit Abschluss eines Luftverkehrsabkommens außerhalb des von der EG in ihren Verordnungen (EWG)2407, 2408, 2409 vorgesehenen rechtlichen Rahmens mit einem Drittstaat Gemeinschaftrecht verletzt werden würde.

Das bedeutet einen Verstoß gegen den EGV.

Dennoch bleiben, trotz Vertragsverletzung der acht Mitgliedsstaaten, deren Luftverkehrsabkommen bestehen, und zwar solange bis die EG mit dem jeweiligen Mitgliedsstaat ein Luftverkehrsabkommen abgeschlossen hat. Diese Ansicht gibt auch die Verordnung (EG) 847/2004[256] wieder.

---

[252] ABl. L 240 vom 24.8.1992 sowie ABl. L 293/3 vom 31.10.2008
[253] englisch mit der Bedeutung eines unbegrenzten Luftraums
[254] EuGH Urteil vom 5.11.2002 EuZW 2003,82
[255] Urteil des EuGH v.31.03.1971
[256] ABl. L 349 vom 25.11.2004

Die von Art. 307 Abs. 2 EGV vorgesehene Pflicht, dem EG-Vertrag widersprechende Abkommen von Mitgliedsstaaten mit Drittstaaten anzupassen, bezieht sich auf solche Abkommen, die von die Mitgliedsstaaten vor der Gründung der EWG bzw. vor dem Beitritt zur EWG oder EG bzw. EU geschlossen wurden.

Der Mitgliedsstaat des Luftverkehrsunternehmers, der in dem Drittstaat Flugdienste durchführt, wurde 2007 in die EG aufgenommen, also kurze Zeit nachdem die VO (EG)847/2004 erlassen wurde und am 30.Mai 2004 in Kraft getreten ist.

Demnach ist die Verordnung für diesen Mitgliedsstaat verbindlich, sollte dieser ein Luftverkehrsabkommen mit dem sanktionierten Staat vorher eingegangen sein, so ist diese insoweit an die Verordnung anzupassen, dass es dem Gemeinschaftrecht nicht widerspricht, Pkt. 6 der Erwägungsgründe der VO (EG)847/2004.

Ein Luftverkehrsabkommen zwischen dem Mitgliedsstaat und dem sanktionierten Staat, aus dem sich die Möglichkeit die Erbringung von Flugdiensten aufgrund eines Code-Sharing Abkommens in jedem "Fall" und um jeden " Preis" ergibt stößt dann ein seine Grenze, wenn es durch eine neu eingetretene Situation ersetzt werden muss.

Dies ist beispielsweise dann der Fall, wenn eine neue zwingende Norm des ius cogens entsteht, Art 64 WVK.[257]

Diese Norm, die sich auch aus dem Völkergewohnheitsrecht ableiten lasst, verdrangt somit das bisher "Vereinbarte" oder hebt es in Teilen auf. Zwar stößt die Norm an sich dann auf Widerstand, wenn ein Vertragsstaat der WVK nicht beigetreten ist und aber auch dadurch dass die WVK keinen höheren Rang besitzt, dennoch besteht der Grundsatz der Vertragstreue kraft Völkergewohnheitsrechtes.

Nationale Gesetze dürfen keine Grundlage für die Frage der Verbindlichkeit internationaler Verträge und Normen sein. Das bedeutet, dass sich der EU-Mitgliedsstaat an die ihm gegenüber wirkenden Pflichten seiner EU-Mitgliedschaft und seiner UN-Mitgliedschaft zu halten hat.

Durch die UNSCR wurden auf internationalem Gebiet, und durch die GASP-Beschlüsse auf EU-Ebene, neue Normen in Bezug auf Verträge mit dem sanktionierten Staat geschaffen.

Aus dieser Norm heraus sind nunmehr sowohl die Mitglieder der UN als auch die Mitgliedsstaaten der EG verpflichtet die durch beide Beschlüsse auferlegten Einschränkungen hinzunehmen. Derartige Einschränkungen gelten auch hinsichtlich des Luftverkehrs, wobei eine Bindungswirkung für den Unternehmer erst mit Umsetzung in nationales Recht ent-

---

257   Wiener Vertragsrechtsübereinkommen abgedruckt in Sartorius II Kap. 320

steht.

Auf Grundlage der Beschlüsse ist es dem Luftverkehrsunternehmer nicht nur untersagt Flugdienste durchzuführen, die eine direkte oder indirekte Unterstützung des Vorhabens fördern, sondern es ist ihm auch untersagt, sein Luftfahrzeug hierfür zur Verfügung zu stellen.

Hierbei unterscheidet der Art.1 des GASP-Beschlusses des Rates 2007/140 beispielsweise in der Nutzung durch den sanktionierten Staat und in der Nutzung durch ……..zu Gunsten des sanktionierten Staates.

Im Letzteren kann dies durch Jedermann geschehen, dies schließt aber auch den im vorherigen Kapitel ausführlich dargestellten Fall der Eigenleistung des Unternehmers ein.

Eine Nutzung durch den Staat kann beispielsweise ein Wet-Lease Vertrag sein, worauf später noch eingegangen werden soll.

Ein Zugunsten kann infolge von Code-Sharing erfolgen, in dem ein inländisches Luftverkehrsunternehmen das EU-mitgliedsstaatliche verpflichtet, für selbiges tätig zu werden.

Hierfür kann folgendes als Grund in Betracht kommen

- □ eigene fehlende Kapazität eines solchen Spezifikationen unterliegenden Luftfahrzeuge
- □ Überlastung des Code-Sharing Partners
- □ technische Probleme mit eigenem Gerätepark
- □ fehlende Zulassungen und Genehmigungen
- □ mangelndes oder nicht/schlecht geschultes Personal
- □ Überwachungsumgehung

Der Code-Sharing Partner muss aber nicht unbedingt eine Airline sein. Demnach kann auch als Auftraggeber jemand gelten, der nicht im Luftverkehrsgeschäft tätig ist.

Anzudenken ist hier beispielsweise ein Spedition oder ein Busunternehmen, welches aus Gründen der Geographie, Geologie oder aus zeitlichen oder sonstigen Gründen nunmehr den Lufttransport bevorzugt.

Ein Zugunsten kann aber auch die Vermietung des Luftfahrzeuges durch den Unternehmer an einen Anderen sein, möglich ist zudem auch, dass der Andere auch eine verwaltungsrechtliche Person darstellen kann, wobei Code-Sharing-Verträge privatrechtliche Verträge zwischen Gewerbetreibenden sind.

Der Erbringung von Flugdiensten in dem sanktionierten Staat durch ein Luftverkehrsunternehmen mit Verwaltungssitz in der EU, *ubi* die Luftfahrzeuge des Unternehmers zudem noch im selben Mitgliedsstaat eingetragen sind, im Rahmen von Code-Sharing oder Sub-

Charter[258]- Verträgen (hier nicht weiter zu behandeln da ähnlich Code-Sharing und Wet-Lease Verträgen) liegen die gleichen Voraussetzungen der sich aus den UNSCR und GASP-Beschlüssen ergebenden Beschränkungen zu Grunde, wie der Durchführung einer eigenen Flugdienstleistung.

Im Luftverkehrsrecht unterscheidet man zwischen dry leasing und wet leasing.

Beide unterscheiden sich in ihrer rechtlichen Form, dem Bestehen eines Mietverhältnisses nicht, lediglich in ihrem Umfang.

Wie könnte man den Sachverhalt anlegen, wenn es sich um eine reine "Arbeitsmittelüberlassung" i.R. von Wet-Lease und Try-Lease Verträgen handelt?

Bei einem Dry Lease Vertrag (im engl. Trockenmiete) stellt der Vermieter nur das Luftfahrzeug zur Verfügung.

Hingegen beinhaltet ein Wet-Lease Vertrag eine Vermietung des Luftfahrzeugs samt Crew. Dem Vermieter obliegt darüberhinaus auch noch die Wartung, die Entrichtung der Versicherungsprämien, der Flughafengebühren und sonstigen die für die Erbringung der Leistung notwendigen Voraussetzungen (Erlaubnisscheine, Zeugnisse, Betankung......lt. Anhang con.).

So könnte sich der sanktionierte Staat oder auch die von der UNSCR und GASP-Beschlüssen betroffenen Personenvereinigungen eines solchen Wet-Lease-Vertrages bedienen und zu eigenem Vorteil die Leistung der EU-mitgliedsstaatlichen Airline nutzen, die Fortführung und Förderung ihres Vorhabens zu verwirklichen.

Oder stehen diesem Vorhaben Barrieren im Wege?

Grundsätzlich besteht keine eigenständige Genehmigungspflicht, wenn ein EU-mitgliedsstaatliches Unternehmen, seine Luftfahrzeuge im Rahmen eines Wet-Lease Vertrages in einen Drittstaat bringt und der Leasingnehmer kein mitgliedsstaatliches Luftverkehrsunternehmen ist, Art. 13 Abs. 2 VO(EG)1008/2008[259].

Dennoch sind hieran gewisse, folgende Voraussetzungen gebunden:

- ☐ das Luftfahrtunternehmen muss für die beabsichtigte Art des Betriebes über die entsprechende Ausfluggenehmigung verfügen
- ☐ es muss, wenn es sich um eine Stationierung des Gerätes an einem anderen Ort handelt eine Ausflugerlaubnis erteilt worden sein

---

[258] Flugdurchführung eines operating Carrier im Auftrag eines contracting carrier, Rechtlich ähnlich dem code-sharing

[259] ABl. L 293/3 vom 31.10.2008

- □ die Voraussetzungen der Artikel 4,5 und 8 der VO(EG)1008/2008 müssen erfüllt sein(Betriebsgenehmigung muss bestehen, § 18 des Anhangs)
- □ es muss gewährleistet sein, dass die unter obigen Punkt genannten Voraussetzungen aufrecht erhalten werden (keine Gründe für den Entzug der Betriebsgenehmigung entstehen werden)

Die Erteilung, der in den o.g. Punkten aufgeführten Genehmigungen erfolgen durch die zuständigen Behörden des Eintragungsstaates des Luftfahrzeuges.

Das bedeutet, den Erteilungsbehörden sind genaue Angaben hinsichtlich des zu begründenden Vertragsverhältnisses vorzulegen. Diese werden im Rahmen ihrer Aufgabenerfüllung sodann prüfen, ob eine Genehmigung erteilt oder verweigert wird.

Kommt die Erteilungsbehörde zu der Ansicht, der Wet-Lease Vertrag dient der Unterstützung des Vorhabens des sanktionierten Staates, aufgrund dessen UNSCR und GASP-Beschlüsse ergangen sind, wird man die Ausfluggenehmigung nicht erteilen.

3.3.5.3. Zurechenbarkeit einer Hilfeleistung

Eine Unterstützung im obigen Sinne ist dann gegeben, wenn es als erwiesen anzusehen ist, dass das sanktionierte Land durch die Verwendung des Luftfahrzeuges, unabhängig ob die Vermietung an den Staat selbst oder eine Dritte Person erfolgt, hinsichtlich ihres Vorhabens der proliferationsrelevanten nuklearen Tätigkeit Nutzen hieraus zieht. Ausreichend ist auch schon eine Erleichterung dieser Tätigkeit.[260]

Dies kann in den folgenden Fällen gegeben sein:
- □ Das Luftfahrzeug wird zum Transport der für die Tätigkeit erforderlichen Materialien, Artikeln, Ausrüstungen, Gütern und Technologien innerhalb des Hoheitsgebietes des Staates eingesetzt (Art.1 und 2 GASP 140/2007)
- □ Mit dem Luftfahrzeug werden an dem Projekt beteiligte Personen kontinuierlich und auch zielgerichtet befördert (Beihilfe n.Art.2 Abs. 2, Art 4 Abs. 1 und 2 GASP 140/2007)
- □ Das Luftfahrzeug wird direkt von einer in den Anhängen der UNSCR oder GASP-Beschlüsse aufgeführten Person benutzt
- □ Das Luftfahrzeug dient der Beförderung sonstiger mit dem Vorhaben des Staa-

---

[260] Beihilfedefinition im Anhang

tes in Verbindung stehender Personen, Personengruppen oder auch Materialien, Artikeln, Ausrüstungen, Gütern und Technologien (beispielweise dem Transport ausländischer Geschäftspartner oder Hilfeleistenden) i.S. d. Art. 5 GASP 423/2007

☐ Die Vermietung dient jedem sonstigen Zweck der dienlich ist die von den UNSCR und GASP-Beschlüssen erfassten Verbote zu umgehen

☐ (z.B. zur vertragsrechtliche Pflichtenerfüllung des Mieters gegenüber Dritten, erfasst z.B. in Art.7 Abs. 4 GASP 423/2007

☐ Ein sich aus der UNSCR und GASP-Beschlüsse ergebender Ausschlussgrund ist nicht vorhanden

Entspricht der Verwendungszweck des Luftfahrzeuges aus dem Wet-Lease Vertrag einem anderen, eindeutig nicht mit den Tätigkeiten des Staates und der Personen und Personengruppen verbunden, ist eine Überlassung durchaus rechtens.

Insbesondere ist eine Überlassung auf Grundlage eines Wet-Lease-Verhältnisses dann gerechtfertigt, wenn die Verwendung zur Hilfeleistung für ernährungs-, landwirtschaftlichen-, medizinischen- und sonstigen humanitären Zwecken dient oder sichergestellt ist, das die Verwendung nicht zur Förderung des Vorhabens des Staates auf dem Gebiet der Nuklearenergie dienen wird. (Art. 3 GASP 140/2007)

Der sanktionierte Staat hat erwiesenermaßen wirtschaftliche Schwierigkeiten[261].

Erschwerend kommt hinzu, dass es in dem Land regelmäßig zu Naturkatastrophen kommt, die erhebliche Schäden in der Infrastruktur anrichten.

Die Geographie und physische Beschaffenheit der Erdoberflächenstruktur, eingangs wurde hierauf Bezug genommen, macht darüberhinaus den Luftverkehr als Verkehrsweg unabdingbar.

Eine Hilfe, der Situation gerecht zu werden, den nationalen Luftverkehrsweg für zivile Luftverkehrszwecke zu bedienen, stößt daher auch dann nicht an seine rechtliche Zulässigkeit, wenn dies durch ein EU-mitgliedsstaatliches Luftverkehrsunternehmen geschieht.

Ziviler Luftverkehrszweck grenzt sich gegenüber militärischem Luftverkehr durch die Beförderung von Personen, Gütern und Post ab.

Für den zugrunde gelegten Sachverhalt ist der zivile Luftverkehr auf den Transport von Gütern beschränkt, die nicht durch die UNSCR oder GASP-Beschlüsse erfasst sind.

Der Personentransport im Luftverkehr unterliegt der Einschränkung des werksmäßigen

---

[261] so Rudolf in SWP-Aktuell Ausgabe August 2005

Transportes der von den UNSCR und GASP-Beschlüsse umfassenden Personen.

3.3.5.4. Zwischenergebnis

Die für den Wet-Lease Vertrag notwendigen Ausfluggenehmigungen und Betriebserlaubnisse müssen von der zuständigen Behörde des Eintragungsstaates des Luftfahrzeuges unter den oben genannten Voraussetzungen auch erteilt werden. (Umkehrschluss des Art. 6 i.V. mit Art. 18 Bst. b der VO (EG)423/2007 und i.V. mit GASP 2007/140 des Rates sowie UNSCR 1737(2006).

Es bestehen somit die gleichen Beschränkungen hinsichtlich dieser Leistung, wie zuvor bei den Code-Sharing Verträgen abgehandelt.

Zur Anmerkung:
VO (EG)423/2007, als rechtsverbindliche Norm für jeden Gemeinschaftsstaat und Verpflichtung dessen zur Umsetzung in nationales Recht trat mit Datum 20. April 2007 in Kraft. Dies geschah unmittelbar nach der erfolgten Entsendung von Gerät und Personal durch den EU-mitgliedsstaatlichen Luftverkehrsunternehmer in den sanktionierten Staat, so das Rechtsgrundlage einer Genehmigung oder Verweigerung eines Wet-Lease Geschäftes nur auf GASP 2007/140 des Rates in Betracht kommt.
Mit Eintritt der Rechtsverbindlichkeit der VO (EG)423/2007 erfolgen die Erteilung aber auch Widerruf einer bereits erteilten Genehmigung auf Grundlage dieser Verordnung oder eine Abänderung. GASP 140/2007 weißt grundsätzlich keine andere Erfüllungsgrundlage für die Erteilung der Ausflug und Betriebsgenehmigungen.

3.3.5.5. Rechtfertigung der Sanktionen

Der Sicherheitsrat der Vereinten Nationen, gestützt auf die Berichte der IAEO, ist der Ansicht das die nuklearen Tätigkeiten des Landes zuwider den Zielen und Grundsätzen der Vereinten Nationen (Art. 1u.2 der UNO-Charta) erfolgen.[262] Nach Ansicht der IAEO, verfolgt der sanktionierte Staat das Ziel, seine Aktivitäten auf dem Gebiet der Nuklearforschung- und Entwicklung zu anderen als friedlichen Zwecken nutzen zu wollen und verän-

---

[262] so z.B. in UNSCR 1747(2007) Abs. 2

dert somit das Kräfteverhältnis im Mittleren Osten.[263]

Daher wurden vom Sicherheitsrat der Vereinten Nationen bis März 2007 insgesamt drei Resolutionen verabschiedet, die dazu dienen, dass der sanktionierte Staat seinen Verpflichtungen hinsichtlich der Zusammenarbeit mit der IAEO nachkommen und seine Tätigkeiten auf dem Gebiet der Nuklearforschung einstellen soll, soweit dieser die Verwendung i.R. volksökonomisch ziviler Zwecke nachweisen.

In allen Resolutionen bringt der Sicherheitsrat zum Ausdruck, dass das Handeln des sanktionierten Staates eine Gefahrsituation nach Art. 39 UNO-Charta darstellt und beschließt daher die in den UNSCR aufgeführten Maßnahmen.

Grundlage bildet ihm hier Art. 40 und 41 der UNO-Charta, worauf er im Weiteren in seinen Resolutionen die Maßnahmen genauer definiert.

Auf den Tatbestand, ob die Tätigkeiten des sanktionierten Staates ein wirkliches Friedensproblem darstellen und die Sanktionen somit gerechtfertigt sind soll nicht eingegangen werden, da dies einer genaueren Betrachtung der Berichte der IAEO bedarf. Dies ist aus Gründen des Umfangs dieses Buchprojekts nicht möglich.

Ausgehend davon, das eine Gefährdung nach Art. 39 UNO-Charta eingetreten ist stellt sich die Frage der Rechtschutzmöglichkeiten sowohl des sanktionierten Staates als auch die der betroffenen Personen und Personenvereinigungen.

Der Rechtsschutz der betroffenen Individuen besteht einzig und allein darin, dass die Gefährdungslage im Abstand von 12 Monaten vom Sicherheitsrat der Vereinten Nationen angepasst wird und es sodann möglich erscheint, soweit es der Sicherheitsrat in Betracht zieht, die Sanktionen aussetzt, beendet, minimiert oder erweitert werden. Eine weitere Darstellung kann knapp geführt werden.

3.3.5.6. Rechtsschutzmöglichkeiten gegen die Sanktionen

Auf der Suche nach einem Rechtsweg käme als Klagegegner der Sanktionsausschuss als Urheber der Konkretisierungsentscheidung in Frage. Wie bereits an anderer Stelle erörtert, besteht auf Ebene der Vereinten Nationen (vgl. auch Anhang I) keine Rechtsschutzmöglichkeit des Betroffenen gegen die Akte des Sanktionsausschusses.

Eine Klage gegen den Sanktionsausschuss vor nationalem Gericht wird regelmäßig unzulässig sein, da nach dem Übereinkommen über die Vorrechte und Befreiungen der Verein-

---

[263] so z.B. in UNSCR 1747(2007) Abs. 6 und IAEA Board (GOV/2006/14)

ten Nationen die Organe der Vereinten Nationen hinsichtlich eine nationalen Jurisdiktion Immunität genießen.[264]

Ein individualrechtlicher Klageweg scheidet somit aus. Eine Rechtsschutzmöglichkeit des betroffenen Staates besteht vor dem Internationalen Gerichtshof. Eine Klagebefugnis steht lediglich Staaten zu, Art 34 IGH[265]. Natürlichen und juristischen Personen und Personenvereinigungen steht demnach kein Rechtsweg offen.

Eine Anhörung durch den Sicherheitsrat oder dessen Sanktionsausschusses erfolgt generell nicht, sodass als Ultima Ratio eine Klage nach Art. 36 IGH vom sanktionierten Staat angestrengt werden muss.

Ob der klagende Staat mit seinem Begehren Erfolg haben wird, steht insoweit in Frage wie die Zuverlässigkeit der Berichte der IAEO, sowie anderer eingesetzter Gutachter.

Dies können auch die Ermittlungen der Geheimdienste der ständigen Mitglieder des Sicherheitsrates sein, in deren Zuständigkeitsbereich auch das "blacklisting" fällt.

Zur Anmerkung:

Die Resolutionen des Sicherheitsrates der Vereinten Nationen wurden vom betroffenen Staat zwar als "illegaler Akt" bezeichnet[266], ein Rechtsschutzbegehren wurde aber nicht angestrengt.

Sollte jedoch das Gericht auch der Ansicht sein, die Voraussetzungen nach Art. 39 UNO-Charta liegen vor und die Handlung des Sicherheitsrates ist durch Art. 39 u. 40 UNO-Charta gedeckt, wird die Klage regelmäßig ins Leere laufen.

Denn Gegenstand der Klage müssten, die durch die UNSCR entstandenen Beschränkungen im Hinblick auf die nuklearen Tätigkeiten des Landes sein.

Der Staat als Kläger müsste dann vorbringen, die beabsichtigten Ziele des nuklearen Spektrums dienten der zivilen Nuklearforschung und Verwendung.

Hierbei käme der Kläger aber wohl in Beweisnot, andernfalls hätte er eine weitere Zusammenarbeit mit der IAEO gewollt.

Nicht außer Betracht bleiben sollte die Tatsache, dass der sanktionierte Staat auch etwa in Fragen der Menschenrechte am internationalen Pranger steht.

Durch die Rechtfertigung der UNSCR, hätte man somit auch einen Vorwand an anderer Stelle tätig zu werden, und somit auch indirekt die Wirtschaft des Landes zu boykottieren,

---

[264] vgl. Meerpol, S. 35
[265] abgedruckt in Sartorius II Kap. 2,3
[266] Bericht III-310-BR/2009 S. 197 des Bundesministeriums für europäische und internationale Angelegenheiten Österreichs

denn durch die Verströmung eigener Reserven zur Energiegewinnung (eingangs erwähnt) ist man mehr oder weniger auf die Nuklearenergie angewiesen.

Da ein Rechtsschutz des Staates nur auf Umwegen, durch eine verbindliche Nachprüfung des Handlungsaktes des Sanktionsausschusses möglich und ein Gutachtenergebnis ohnehin nicht verbindlich ist[267] bleibt wohl auch die Frage nach der Rechtmäßigkeit einer UNSCR in den Händen der ständigen Mitglieder.

Außerhalb der Vereinten Nationen verlagert sich die Frage nach einem Rechtsschutzbedürfnis beispielsweise auf die Ebene der Mitgliedsstaaten oder ihrer für die Umsetzung der UNSCR zuständigen Organisation (EU, EG).

Diese Erkenntnis lässt das Vetorecht in einem anderen Licht erscheinen.

Es ist eben nicht nur Privileg bestimmter Mächte, sondern kann auch Funktion einer Intrakontrolle haben, auch wenn dabei weniger rechtliche als politische Erwägungen maßgeblich sein werden[268]

Zwar sollen die Resolutionen des Sicherheitsrates der Vereinten Nationen allgemeine Bindungswirkung, nicht nur für die Mitgliedsstaaten der Organisation haben und haben dies auch. Dennoch kann ein Rechtsschutzbegehren einer betroffenen Person, nach Umsetzung der UNSCR infolge einer Verordnung oder eines GASP-Beschlusses durch die Union, in Betracht kommen.

In seiner Rechtsprechung hat der EuGH[269] letztinstanzlich klar zum Ausdruck gebracht, dass eine Umsetzung der UNSCR einer Kontrolle durch den Gerichtshof unterworfen bleibe[270] und eine Umsetzung die menschenrechtlichen Mindestanforderungen zu erfüllen habe.[271]

Den menschenrechtlichen Mindestanforderungen dürften sowohl die UNSCR als auch die GASP-Beschlüsse dahingehend gerecht werden, dass sich beide Beschlüsse auf die proliferationsrelevanten Tätigkeiten des sanktionierten Staates und ihrer "black listed" Individuen beziehen.

Zweifelhaft ist das Einfrieren privater Gelder.

Ob hiergegen Rechtsschutz aufgrund menschenrechtlicher Grenzpunkte (wie beispielsweise staatliche Souveränität, Reiseverkehrsfreiheit der Individuen, Recht auf Nuklearenergie

---

267   Art. 96 der UNO-Charta
268   vgl. Herdegen Die Befugnisse des UN Sicherheitsrates, aufgeklärter Absolutismus im Völkerrecht 1998, S. 9F
269   EuGH C-402/05 P, C- 415/05 P v. 03.09.2008
270   EuGH Rn 278 C-415/05 P Kadi
271   EuGH C-430/00 P Beschluss v. 13.11.2001 Dürbeck/Kommision, Slg.2001 J-8547 RN7

zu zivilen Zwecken, auch Recht auf militärische Verteidigung etc.) gegeben sein muss, ist wie bereits aus obigem Grund angeführt, an dieser Stelle *de Scale* nicht möglich festzustellen.

Ein Ergebnis hieraus ist auch für den zugrunde gelegten Sachverhalt nicht nötig, da eine wirtschaftliche Beziehung des EU-mitgliedsstaatlichen Luftverkehrsunternehmers zu einer Person, Personenvereinigung oder sonstigen Organisation dieses Staates, nicht versagt wird, soweit die Beziehung keine Hilfe, Beihilfe oder sonstige Unterstützung im Bereich der prolifikationsrelevanten nuklearen Tätigkeiten des Staates und seiner Hilfsorgane bietet.

Dadurch ist es dem EU-mitgliedsstaatlichen Unternehmer auch möglich, in dem Land seine Flugdienste auszuführen. Entscheidend für diesen Erlaub ist nicht die Art des Vertragsverhältnisses, sondern die Ausschließlichkeit seiner zivilen Tätigkeit im genannten Rahmen.

III. Schlussbemerkungen

Wie abgehandelt worden ist, sind dem Luftverkehrsunternehmer viele Möglichkeiten gegeben, seine Dienste in dem sanktionierten Staat anzubieten und auszuführen. Hierzu stehen ihm Grundrechte und Vereinbarungen im Luftverkehr zur Verfügung und zur Seite. Darüberhinaus kann er auch, unter Achtung gewisser Pflichten, sein Personal mit in die Tätigkeit einbeziehen, ohne das er rechtliche Nachteile erleiden wird.

Trotz dieser Mannigfaltigkeit seiner Möglichkeiten hat er nicht außer Acht zu lassen, dass die gegebene Lage, insbesondere durch die UNSCR und GASP-Beschlüsse, die Verwendung seiner Dienste kritisch gesehen wird und er sich hierbei auf "dünnem Eis" bewegt. Insbesondere der Einsatz seines Produktionsgutes wird hier wohl unter ständiger Kontrolle stehen. Der Unternehmer hat daher stets zu gewährleisten, dass er sich nicht direkter oder indirekter Hilfe oder Hilfeleistung der von den UNSCR's und GASP-Beschlüssen umfassten Tätigkeiten des sanktionierten Staates oder der sanktionierten Personen aussetzt.

Dies erfordert eine besondere Organisation des "Produktionsablaufes" und eine ständige Kontrolle der bisweilen gegebenen rechtlichen Grundlagen. Diese können sich durch weitere Sanktionen durchaus kurzfristig ändern.

Dennoch ist auch der Gedanke zu hegen, dass eine Erbringung von zivilen Flugdiensten in dem sanktionierten Staat, ein natürliches Recht der Zivilisten sein kann, diese in Anspruch nehmen zu können. Ein Verbot solcher Dienste dürfte wohl, wenn auch schwerlich dagegen klagen zu wäre, eine grundlegende Einschränkung der Freiheitsrechte der Reisebegehrenden sein und wohl kaum mit der UNO-Charta vereinbar sein.

Eingangs wurde die geographische als auch wirtschaftliche Position des Landes dargestellt. Die Volksökonomie besteht darin, dass man zwar Erdöl und Erdgas im eigenen Lande vorrätig hat, dies aber mangels Technologie nicht eigens verarbeiten kann, sondern bspw. das weiterverarbeitete Erdöl wieder importiert. Daher würde es dem Land schon dienlich sein, Alternativen, wie Kernkraft als Versorgungselement zu nutzen. Hierzu ist natürlich eine proliferationsrelevante Nukleartätigkeit notwendig, was dem Land wohl verwehrt bleiben wird, da eine eindeutige Trennung zwischen zivilen und militärischen Tätigkeiten seitens der IAEA, durch deren Besichtigung und Berichte hinsichtlich der Tätigkeiten, nie vorgenommen wurde.

Wie auch an diesem Beispiel, und vielen anderen der Zeitgeschichte zu sehen ist, ist der Sicherheitsrat der Vereinten Nationen doch nur ein restriktives Mittel der Durchsetzung politischer Interessen einzelner, integrierter Mitglieder.

Literaturverzeichnis

Alpmann-Brockhaus	Fachlexikon Recht, 2.Auflage
Alpmann-Schmidt	Grundlagen Strafrecht, 3. Auflage 2006
Duden	Die deutsche Rechtschreibung, Band 1, Dudenverlag
Duden	Fremdwörterbuch, Band 5, Verlag Brockhaus
Europarecht	E 21002F Heft 3, Mai-Juni 2006, Nomos Verlag
Europarecht	E 21002F Heft 4, Juli-August 2006
Göttert	Neues deutsches Wörterbuch, Verlag Lingen 2007
Graf Vitzthum	Völkerrecht, 4. Auflage, Verlag de Gruyter
Gesellschaftsrecht	für die Praxis, 4. Auflage, Memento Verlag
Halbmeyer	österreichische Luftfahrt, Verlag Springer
Ho	Europarecht, Richter Verlag, 1.Auflage 2006
Jayme/Hausmann	Internationales Privat- und Verfahrensrecht, 13.Auflage, Verlag C.H. Beck
Kittner	Arbeits- und Sozialordnung, 31. Auflage 2006, Bund-Verlag
Langenbucher	europarechtliche Bezüge des Privatrechts, 2. Auflage, Verlag Nomos
Mensen	Handbuch der Luftfahrt, Verlag VDI
Meyer-Ladewig	Handkommentar zur EMRK, 2. Auflage 2006, Nomos Verlag
Meyers	Konfliktregelung und Friedenssicherung im internationalen System 1.Auflage 2009, VS-Verlag Wiesbaden
Münder	Sozialgesetzbuch II, Kommentar, 2.Auflage, Nomos Verlag
Prütting/Wegen/ Weinreich	BGB, Kommentar, 2006, Verlag Luchterhand
Pompl	Luftverkehr, eine ökonomische und politische Einführung, 4. Auflage, Verlag Springer
Reuschle	Montrealer Übereinkommen, 1. Auflage, Verlag de Gryuter
Schladebach	Luftrecht, Mohr Siebeck Tübingen 2007
Schwenk	Handbuch des Luftverkehrs, Lit. Verlag Hamburg
Schlachter/Ohler	Handkommentar zur DlRl, 1.Auflage 2008 Nomos Verlag
Staudinger	Eckpfeiler des Zivilrechts, 2005, Verlag Sellier - de Gruyter
Rudolf Streinz	Europarecht, 7. vollig neu bearbeitete Auflage, Verlag C.H. Müller
Winkler	Grundrechte der EU, Verlag Springer 2006

sonstige Literatur ist in den Fußnoten ersichtlich

Anhang I

(Erläuterungen und Darstellungen zum Haupttext)

§ 1 Die Vereinten Nationen und der Sicherheitsrat

Der Sicherheitsrat der Vereinten Nationen besteht aus fünfzehn Mitgliedern.

Die fünf ständigen Mitglieder des Sicherheitsrates der Vereinten Nationen, die Volksrepublik China, die aufgrund des UN-Ausschlusses von Indochina aufgenommen wurde, Frankreich, Russland, welches als Nachfolger der Union der Sozialistischen Sowjetrepubliken gesetzt wurde, das Vereinigte Königreich von Großbritannien und Nordirland sowie die Vereinigten Staaten von Amerika sind zugleich auch die Gründungsmitglieder bzw. Initiatoren der Gründung der Vereinten Nationen und Teilnehmer an der Konferenz in San Francisco. Die Vereinten Nationen wurden durch Beschluss der vier alliierten Mächte am 26.Juni 1945 gegründet in Koppelung an die sogenannte Washington Konferenz von 1941, in dem die vier alliierten Großmächte den Kampf gegen die Achsenmächte[272] bis zum endgültigen Sieg beschlossen haben.

Die weiteren zehn Mitglieder des Sicherheitsrates, die keine ständigen Mitglieder sind, werden entsprechend den Bestimmungen aus Art. 23 Abs. 1 für eine Dauer von zwei Jahren gewählt (Abs. 2).

Zum 01.02.2003 verzeichnete die Organisation der Vereinten Nationen 191 Mitglieder. Ein jedes Land ist mit seinem Beitritt in die Organisation an die Grundsätze der Charta der Vereinten Nationen gebunden (Art. 2 UNO Charta), deren Übernahme ist zudem auch Voraussetzung einer Mitgliedschaft in der Organisation. (Art. 4 Abs.2 UNO Charta)

Gemäß Art. 1 der Charta der Vereinten Nationen ist das Ziel der Organisation (Art. 2 der UN Charta bezeichnet diesen Verbund als Organisation) den Weltfrieden und die internationale Sicherheit zu wahren und zu diesem Zweck auch wirksame Kollektivmaßnahmen zu treffen, um Bedrohungen des Friedens zu verhüten und zu beseitigen. (Art 1. Nr.1 Halbsatz 1 und 2) Darüber hinaus kommt der Organisation die Beilegung internationaler Streitigkeiten und Friedensbrüche zu (Art. 1 Nr.1 Halbsatz 3) All das, so hat sich die Organisation der Vereinten Nationen zum Ziel gesetzt, soll zunächst mit friedlichen Mitteln und unter Wahrung völkerrechtlicher Grundsätze erfolgen.

---

[272] im Zusammenhang des Zweiten Weltkrieges verwendete Bezeichnung für das Deutsche Reich und seiner Verbündeten und damit Kriegsgegner der Alliierten

UNSCR Resolutionen:

Embargos des Sicherheitsrates der Vereinten Nationen erfolgen auf Rechtsgrundlage der Charta der Vereinten Nationen (Art. 41 UNO-Charta) und bedürfen der Zustimmung von mindestens neun von fünfzehn Mitgliedern einschließlich der fünf ständigen Mitglieder. (Art. 27 Abs. 3 i.V. mit Art. 23 Abs. 1 UNO-Charta).

Grundvoraussetzung für den Erlass von Resolutionen ist zunächst eine Tagung, sog. "Calling" der Generalversammlung.

Die Generalversammlung besteht aus allen Mitgliedern der Vereinten Nationen (Art. 9 UNO-Charta) Die Mitglieder werden von natürlichen Personen ihrer Staaten vertreten, jedes Mitglied darf maximal 5 Vertreter haben, (Art. 9 Abs. 2)

Weitere Informationen liefert hierzu der Internetauftritt der Organisation, www.un.org.

§ 2 Das KUBA Embargo

Das Embargo der Vereinigten Staaten von Amerika gegen Kuba wurde am 07. Februar 1962 als Handels, Wirtschafts, -und Finanzembargo verhängt. Dem vorausgegangen war die Eigentumsentziehung und Enteignung von US-amerikanischen Personen natürlicher und juristischer Art durch die kubanische Regierung i.R. des Cuban Democracy Acts.

Eine Beendigung ist noch nicht erfolgt, eine einseitige Lockerung hat aber großen Beitrag zu einer "bevorstehenden" Aufhebung beigetragen. In diesem Fall ist anzuerkennen, dass der unter Nr. 2 Abschn. 2.2.1 aufgeführte Beendigungsgrund neben einem Nachgeben seitens des Initiators wohl weitaus weniger auf ein Handeln des belegten Staates zurück zu führen ist. Dieses Embargo ist zu Ungunsten seines Initiators umgeschlagen, wohl das es schon 40 Jahre besteht.

So wurden gegen das Land mittlerweile Beschränkungen die gegen den Finanzverkehr, den Reiseverkehr bestanden gelockert oder aufgehoben. Im Weiteren ist es nunmehr amerikanischen Telefonanbietern (Providern) erlaubt Telekommunikationsverbindungen in das Land herzustellen. So stellte u.a. der US-Senator Michael B. Enzi am 1.März 2007 auch den bereits entworfenen "Freedom to Travel to Cuba Act"[273] vor, welcher wohl einen weiteren Schritt freier Bewegung zwischen beiden Ländern kennzeichnet.

§ 3 Funktion von Sanktionen

---

[273]   vgl. the history of Cuba, www.historyofcuba.com

Sanktionen kommen bei Verletzungen rechtlicher Normen, Bräuchen mit rechtsähnlichem Charakter und Verletzungen sonstiger Rechte vor.

Eine Normverletzung liegt beispielsweise, im deutschen Strafrecht, bei der Begehung eines Verbrechens, n. § 12 Abs. 1 StGB oder Vergehens nach § 12 Abs. 2 StGB vor. Hier dienen Sanktionen, die in Form eines Urteils erlassen werden, vielmehr der Bestrafung und auch der Abschreckung vor weiteren Taten oder weiterem Fehlverhaltens. Zum einen will man zunächst das normverletzende Verhalten bestrafen (Straffunktion) und darüberhinaus soll die Maßnahme aber auch vor einem weiteren Verstoß warnen(Warnfunktion). Als letzte Funktion einer Sanktion im Sozialrecht kommt die Erziehung in Betracht, hierbei soll die Maßnahme vor allem für künftiges normgerechtes Verhalten sorgen.

Das Sanktionsrecht ist keine eigenständige Rechtsnorm, es begleitet lediglich einzelne Gesetze und erschließt dessen Rechtsfolgen bei einer Missachtung.

§ 4 Die ICAO und die CC

Die ICAO, in vollem Wortlaut -International Civil Aviation Organization- wurde 1944 gegründet, mit dem Ziel einer sicheren und ordentlichen Entwicklung der zivilen Luftfahrt.[274] Sie ist eine Unterorganisation der Vereinten Nationen.

Sitz der Organisation ist Montreal, wobei durch Beschluss mit einer drei/fünftel Stimmenzahl von der Gesamtzahl, der Sitz vorübergehend auch verlegt werden kann, Art 45 CC.

Die CC regelt, die internationale Zivilluftfahrt, sie regelt die Staatsangehörigkeit der Luftfahrzeuge, Teil I, Kapitel III, sie beinhaltet Maßnahmen zur Erleichterung der Luftfahrt in ihrem Kapitel IV. Darüber hinaus sorgt sie durch die Vorschriften des Kapitels V für Sicherheit und Ordnung in Bezug auf die Verwendung von Luftfahrzeugen und listet hierin die Mindestanforderungen, die an ein Luftfahrzeug gestellt werden auf. Hierbei ist zu beachten, dass diese Vorschriften nur Mindestvorschriften sind, und im Weiteren einzelstaatliche Regelungen weiterreichender sein können. Kapitel VI der CC beinhaltet internationale Richtlinien und Empfehlungen wobei Kapitel I die Anwendung dieses Abkommens sowie Allgemeine Grundsätze wiedergibt. Der zweite Teil der CC enthält Informationen über die Organisation, deren Ziele und Aufgaben, die Struktur, finanzorganisatorische als auch Angaben zur Anwendung anderer internationaler Übereinkommen. Teil III der CC enthält Bestimmungen für den internationalen Luftverkehr wie beispielsweise in Kapitel XV für Flughäfen und Luftfahrteinrichtungen.

Der vierte Teil der CC ist zugleich der letzte Teil und mit Schlussbestimmungen bezeich-

---

[274] ICAO IN BRIEF unter www. icao.int.

net.

Hierin verankert sind zum Beispiel die Kollision dieses Abkommens mit sonstigen Luft-fahrtvereinbarungen (Kapitel XVII), aber auch Regelungen über die Beilegung von Strei-tigkeiten, die sich durch Anwendung oder Auslegung dieses Abkommens ergeben (Art. 84). Aber auch ein Verfahren mit dem Abkommen im Falle eines Krieges (Kapitel XIX) sowie die Ratifizierung, der Beitritt, Änderungen und Kündigungen (Kapitel XXI) bein-haltet der Schlussteil der CC. Schlussendlich sind in seinem Art 96 des Kapitels XXII noch Begriffsbestimmungen legaldefiniert.

§ 4 Staatszugehörigkeit

Die Staatszugehörigkeit im Luftverkehr ist ein maßgebliches Faktum, insbesondere bei der Eintragung eines Luftverkehrsfahrzeuges oder Luftfahrzeuges.

Nicht zuletzt ist dies von besonderer Bedeutung weil, zwar wurde ein einheitlicher interna-tionaler Rahmen an Gesetzen für den Betrieb von Luftfahrzeugen und Luftverkehrsfahr-zeugen geschaffen[275], aber, dass einzelne Flugmittel dennoch nationalen Bestimmungen unterliegt.

Luftfahrzeuge, hierbei ist es unbeachtlich ob es sich um Motorsegler, Luftschiffe, Dreh-flügler, Luftsportgeräte oder bemannte Ballone handelt (Aufzählung nicht abschließend) die z.B. in ein deutsches Register eingetragen sind, führen die Bundesflagge.

Analog demnach auch Flugzeuge, unbeachtlich dessen, ob es sich um einmotorige oder mehrmotorige Flugzeuge handelt und welches Gesamtgewicht diese einher bringen, die in ein nationales, deutsches Flugzeugregister eingetragen sind, führen ebenso die Bundes-flagge.

Eine objektive Zuordnung nach Art. 17 CC ist daher für jedermann ersichtlich und auch möglich. Ein Luftfahrzeug kann nur unter einer Flagge geführt werden.

§ 5 betriebsbezogene Bedingungen

Der Nutzung von Luftfahrzeugen gehen nach Art. 29 CC bestimmte Bedingungen u.a. auch hins. bestimmter Dokumente voraus. Folgende in Aufstellung gebrachte Unterlagen sind bei einem in der int. Zivilluftfahrt und i. R. eines Vertragsstaates der CC mitzuführen.

---

[275]   In der CC Art. 17 ff

Auflistung der notwendigen Dokumente für den Flugbetrieb

a) seinen Eintragungsschein

b) sein Lufttüchtigkeitszeugnis

c) die für jedes Mitglied der Besatzung erforderlichen Erlaubnisscheine

d) sein Bordbuch (§5a d. A.)

e) wenn es mit Funkgerät ausgerüstet ist, die Genehmigungsurkunde zur Errichtung und zum Betrieb einer Bordfunkstelle

f) wenn es Fluggäste befördert, eine Liste ihrer Namen und Abflug und Bestimmungsort

g) wenn es Fracht befördert, ein Manifest und Einzelangaben über die Fracht

Eintragungsscheine sind diejenigen Dokumente, die nach Art. 17 ff CC, die Zugehörigkeit und die Eigentumsverhältnisse eines Luftfahrzeuges darlegen und beweisen. (Art. 21. CC) Ein Lufttüchtigkeitszeugnis wird von dem Staat ausgestellt, in dem das Flugzeug eingetragen ist, Art. 31 CC. Dieses Dokument, auch "airworthiness certificate" genannt, wird für Luftfahrzeuge ausgestellt, die einer Musterbauart entsprechen und die Lufttüchtigkeit aufweisen.

Die Musterbauart ist im Anhang der Verordnung Nr. 1702/2003 der EG geregelt. Darüber hinaus regelt die Verordnung aber auch vor dem 28. September 2003 (Datum des Inkrafttretens der VO) ausgestellte und in den EASA Raum transferierte Lufttüchtigkeitszeugnisse. Lufttüchtigkeitszeugnisse sind eingeteilt in

☐ Lufttüchtigkeitszeugnis

☐ eingeschränktes Lufttüchtigkeitszeugnis

☐ Fluggenehmigung

Vergleichbar ist ein Lufttüchtigkeitszeugnis mit der in Deutschland notwendigen Betriebserlaubnis, für die Benutzung eines Kraftfahrzeuges.

Zuständig für die Ausstellung eines solchen Lufttüchtigkeitszeugnisses ist der Hersteller des Luftverkehrsmittels, es gilt demnach unbeschränkt für alle Luftfahrzeuge dieser Bauart. Gerade wegen der Transformation eines Lufttüchtigkeitszeugnisses, das der Erwerber eines Luftfahrzeuges mit dem Kauf erhält, in innerstaatliche Regelungen hat die Europäische Kommission dazu veranlasst, die Voraussetzungen für die Erteilung eines Lufttüchtigkeitszeugnisses und die hiermit einhergehende Erteilung der Fluggenehmigung für den Betrieb des Verkehrsmittels in eine europarechtliche Verordnung zu erfassen.

<u>Zur Verdeutlichung:</u>

Man kann sagen, das der Erwerb eines Airbus, gleich welcher Bauart, wie im Anhang 21 der EG VO 1702/2003 aufgelistet, ein Lufttüchtigkeitszeugnis für alle Mitgliedsstaaten der EG enthält, somit ist es nicht mehr nötig, das Luftfahrzeug nach innerstaatlichen Vorschriften untersuchen zu lassen und eine nochmalige, für das betreffende Land gültige Lufttüchtigkeitsbescheinigung zu beantragen, bzw. die mit dem Erwerb erhaltene prüfen zu lassen.

§ 5 a Bordbücher

<u>Bordbücher eines Luftfahrzeuges</u>

Bordbücher, in der Seeschifffahrt als Logbücher bekannt, sie widerspiegeln den Lebenslauf des dazugehörigen Luftfahrzeugs. Vermerke über Wartungsarbeiten, technische Störungen, Starts und Landungen und sind daher unbedingter Bestandteil des jeweiligen Luftfahrzeuges. Darüber hinaus werden auch einzelne über die Besatzung, besondere Vorkommnisse und die Flugzeiten eingetragen.

Bordbücher stellen im Falle eines Unglücks eine nachweisliche und sichere Quelle zur Erkundung der Unfallursache dar, sie haben beweisrechtlichen Charakter. Ohne sie darf ein Luftfahrzeug nicht betrieben werden.

<u>BLACK-List-</u>

Aufstellung gelisteter Airlines, die das Gemeinschaftsgebiet nicht nutzen dürfen, da deren Lufttüchtigkeit erwiesenermaßen nicht gegeben ist oder in sonstiger Weise Beschränkungen für die EU bestehen.

§ 5 b Betriebsgenehmigung im Lease-Vertrag

Eine Betriebsgenehmigung erhält ein in der Gemeinschaft ansässiges Unternehmen unter anderem nur, wenn es über ein oder mehrere Luftfahrzeuge verfügt, die in seinem Eigentum stehen oder für die es eine Dry-Lease Vereinbarung geschlossen hat. Art. 4 Bst. c VO(EG)1008/2008

Im Weiteren bedarf der Betrieb eines in einem Drittland eingetragenen und im Rahmen eines Wet-Lease Vertrages durch einen Unternehmer an einen Luftfahrtunternehmer der Gemeinschaft vermieteten Luftfahrzeugs der Genehmigung durch die zuständige Genehmigungsbehörde Art 13 Abs. 3 der Verordnung.

Weitere Regelungen finden sich in folgenden Buchstaben des Artikels wieder, insbesondere das Verhältnis der Wet-Lease Verträge im Rahmen saisonaler Bedürfnisse der Airlines.

Der Betrieb eines wet-geleasten Flugzeuges erfolgt unter dem Luftverkehrsbetreiberzeugnis des Vermieters. Den Vorteil gegenüber dem Dry-Leasing hat das Wet-Leasing, in der einfacheren Verwendung anderer Flugzeugtypen (Akzessorietät des Personals im Hinblick auf Flugzeugtyp und Eintragungsstaat des Luftfahrzeugs) und in betriebswirtschaftlichen und organisatorischen Gegebenheiten.

Die Grundidee des Leasings besteht in der Trennung von rechtlichem Eigentum und wirtschaftlicher Nutzung eines Gutes. Wirtschaftlich betrachtet liegt dieser Aufteilung das Interesse einer Fluggesellschaft zugrunde, eine Investition zu tätigen, ohne das mit einem Kauf verbundene Kapital aufbringen zu müssen. Gründe für Wet-Lease Verträge können aber auch politische Ursachen haben. So nutzte beispielsweise eine ägyptische Airline, der es verboten unter ihrem Namen Israel anzufliegen, einen Wet-Lease Vertrag mit einer anderen Airline, für diese nach Israel zu fliegen. (es könnte auch ein Code-Sharing vorgelegen haben, eine nähere Betrachtung soll in dieser Arbeit ausbleiben)

§ 6 das Luftfahrzeug als Sache

Erklärung des Sachbegriffes:
Sache im Sinne des Wortlauts des § 903 BGB sind körperliche, bewegliche Gegenstände, § 90 BGB[276].
Körperliche Gegenstände erfordern eine räumliche Abgrenzung und Beherrschbarkeit des Gegenstandes.
Für ein Flugzeug würde das bedeuten, dass dieses beherrschbar und räumlich auch abgrenzbar ist. Ein Flugzeug besteht aus seiner Hülle und den hierin eingebauten oder daran angebauten Teilen, wie Triebwerke, Räder oder sonstige Ein- und Anbauteile. Hiermit ist ein Flugzeug räumlich abgrenzbar, denn außerhalb der Hülle und dem angebauten ist nichts dazu gehörig.
Eine Sache muss aber auch noch beherrschbar sein.

Eine Sache ist beherrschbar, wenn es möglich ist oder als möglich erscheint, den Gegenstand an einen anderen Ort zu verbringen. Ein Flugzeug kann aufgrund seiner Eigenschaft selbst, durch Benutzung) oder fremd (durch Transport)verbracht werden, es ist mit dem Boden, auf dem es steht nicht fest verbunden.
Ein Flugzeug ist demnach eine Sache im Sinne des § 90 BGB.

---

[276]   Luchterhand, Sachenrecht , Kommentar zu § 903

§ 903 BGB beschreibt die dem Eigentümer zustehenden Rechte, jedoch gibt er keinen Aufschluss über die Rechte von Dritten, die auf die Sache wirken. Eigentum ist im Sinne des BGB ein dingliches und damit absolutes Recht, welches gegenüber Jedermann wirkt.

§ 6 a Nutzbarkeit der Sache

Der Eigentümer einer Sache kann diese nutzen, benutzen, beschädigen, vernichten und verbrauchen. Er kann auch über sie verfügen, indem er sein Recht verändert, belastet, überträgt oder aufhebt.

Der Eigentümer einer Sache kann aber auch andere Personen von jeder Einwirkung auf die Sache ausschließen, sog. negative Befugnis. Der Umfang des Ausschließens umfasst jegliche Abwehr gegen Angriffe, auf dieses Eigentum, in tatsächlicher und als auch in rechtlicher Hinsicht.

Dies bedeutet zum einen, der Eigentümer einer Sache kann sowohl durch körperliche oder sonstige technische Anstrengung, Körperkraft oder Zuhilfenahme von Hilfemitteln wie Maschinen, Werkzeugen etc., als auch durch rechtliche Maßnahmen, wie Klage auf Herausgabe, seinen Anspruch durchsetzen oder vielmehr erhalten.

Gesetzliche Beschränkungen an der Verwendung des Eigentums können im Sinne der Vorschrift des Art. 2 EGBGB wirken.

Gesetzliche Beschränkungen sind Rechtsnormen mit tatsächlicher und normativer Geltung, Außenwirkung, Drittbindung und Generalität. Dies können sowohl Verfassungsgesetze, einfache Gesetze und Rechtsverordnungen des Bundes oder der Länder sein. Auch können diese Rechtsnormen europarechtlichen oder internationalen Gesetzen unterliegen. Wie dem Handbuch in vorherigen Kapiteln zu entnehmen ist, bedienen sich die Luftverkehrsunternehmer regelmäßig, wenn auch nicht praktisch nur total, dem Instrument des Leasings. Dadurch stehen dem Luftverkehrsunternehmer i.R. des "operatings" mit einer geleasten Sache nicht faktisch die gleichen Rechte zu, auf die er sich als Eigentümer der Sache berufen könnte. Das Leasing wird v.a. wie folgt unterschieden.

Zum Leasing:

Es stehen sich zum einen der Leasinggeber, als der Eigentümer der Sache und zum anderen der Leasingnehmer, als der Besitzer und Nutzer der Sache gegenüber. Im Leasing unterscheidet man zweierlei Formen, zunächst das

• Finanzierungsleasing, bei welchem ein Dreiecksgeschäft zwischen Hersteller, Leasinggeber und Leasingnehmer besteht. Der Leasingvertrag ist hier eher langfristig angelegt und so bemessen, dass die gezahlten Leasingraten der Anschaffungssumme des Wirtschaftsobjektes zuzüglich der Finanzierungskosten entsprechen und das

- Operate Leasing, eine Art Gebrauchsüberlassung aufgrund eines kurzfristigen oder jederzeit kündbaren Vertrages, welche der Sache nach eher als Miete zu bezeichnen ist. Der Leasingnehmer hat für diese Gebrauchsüberlassung ein entsprechendes Entgelt zu zahlen, nach deutschem Recht sind hierauf die Regelungen des Mietvertrages anwendbar.

§ 7 Planungsbegriff

<u>zur näheren Darstellung der Planung</u>
Planung ist ein willensbildender, informationsverarbeitender und prinzipiell systematischer Entscheidungsprozess mit dem Ziel zukünftige Entscheidungs-oder Handlungsspielräume problemorientiert einzugrenzen und zu strukturieren.
Planung wird von den dazu legitimierten Planungsträgern durchgeführt. Das intendierte Resultat ist ein ratifizierter Plan bzw. ein System ratifizierter Pläne.
Planung lenkt und steuert somit den Eingriff in die Realität, d.h. Handlungsspielräume werden strukturiert, eingegrenzt oder erweitert. Dies geschieht durch geplante Vorgabe von Zielen, Maßnahmen und/oder Ressourcen.
Im Luftverkehr ist die Planung entscheidend für die Frage des geplanten Einfluges oder des außerplanmäßigen Einfluges.[277]

§ 8 Charterflug

Der Charterflug, im internationalen Luftverkehr auch Non sheduled Traffic genannt, ist in Abgrenzung zum Linienflug damit verbunden, dass beispielsweise ein Reiseveranstalter bei einer Fluggesellschaft Sitzplätze für die Beförderung von Passagieren und deren Gebäck einkauft, um sie später mit anderen Leistungen seines Unternehmens zu bündeln. Solche Leistungen können zum Beispiel Bustransfers vom und zum Flughafen, sonstige Reiseangebote wie Hotelnächtigung etc. sein.
Durch den mengenmäßigen Verkauf solcher Angebote an eine Vielzahl von Kunden, ist es dem Veranstalter dann möglich bei der jeweiligen Fluggesellschaft feste und größere Kontingente an Sitzplätzen zu buchen, was diesem zum einen eine billigere Beförderung

---

[277] Vgl. Kapitel

von Passagieren und Gebäck in das jeweilige Zielland einbringt, der Fluggesellschaft, die als Diensterbringer agiert und zu dem Passagier keine vertragliche Bindung besitzt, bringt dies eine bessere Auslastung des Luftfahrzeugparks und somit bessere Wirtschaftlichkeit des Unternehmens.

Diese Erhöhung der Wirtschaftlichkeit des Luftfahrtunternehmens wird sodann an die Passagiere weitergegeben, sodass ein Charterflug wesentlich billiger ist als ein normaler Linienflug. Charterflüge werden zwar nach einem festen Flugplan durchgeführt, sie sind demnach planmäßig, jedoch können diese Einschränkungen enthalten, wie zum Beispiel nur eine saisonbedingte oder sonstige anlassbedingte Durchführung.

Die Idee für die Durchführung von Charterflügen reicht bis in die 1980er Jahre zurück. Als Anlass eines solchen Vorhabens wurden vor allem Gründe der Wirtschaftlichkeit und kostenreduzierende Maßnahmen bei der Beförderung im Luftverkehr zu Grunde gelegt.

§ 9 Dienstleistungsfreiheit

Die Dienstleistungsfreiheit für die Mitgliedsstaaten der europäischen Union ist in Art. 49 EGV geregelt. Sie gilt für selbständige Tätigkeiten außerhalb eines Arbeitsvertrages für sowohl natürliche als auch juristische Personen, die in Art. 48 EGV einbegriffen sind.

Zur Beachtung:

Werden allerdings Beschäftigte eines Unternehmens für die Durchführung einer Dienstleistung in ein Mitgliedsland entsandt, z.B. für die Durchführung von Bauarbeiten, so fällt dies unter die Dienstleistungsfreiheit des Unternehmers nach Art. 49 EGV.

Den Begriff der Dienstleistungen definiert Art. 50 EGV wie folgt:

"Dienstleistungen im Sinne des Vertrages sind Leistungen, die in der Regel gegen Entgelt erbracht werden, soweit sie nicht den Vorschriften über den freien Waren-und Kapitalverkehr und über die Freizügigkeit der Personen unterliegen".

§ 10 Gemeinschaftsrecht und dessen Einordnung

Im Wesentlichen ist es noch immer streitig, welche Rechtsnatur das Gemeinschaftsrecht trägt. Die hiervon berührten und gegenteiligen Auffassungen bestehen hinsichtlich der Dogmatik, das es sich bei dem Gemeinschaftsrecht um Völkerrecht handele oder ob es nicht solches ist. Nach der insbesondere von Europarechtlern, die auch Völkerrechtler sind, vertretenen Auffassung handelt es sich um Völkerrecht.[278]

---

[278]   Schweitzer/Hummer

Der Logik dieser Feststellung liegt zugrunde, das das primäre Gemeinschaftsrecht durch völkerrechtliche Verträge entstanden sei und auch durch völkerrechtliche Verträge zwischen den Mitgliedsstaaten als Völkerrechtssubjekte entstehe. Auch das sekundäre Gemeinschaftsrecht sei Völkerrecht, und zwar als aus den Ermächtigungen des primären Gemeinschaftsrechts abgeleitetes sekundäres Gemeinschaftsrecht.

Die Auffassung der Gegenseite argumentiert stattdessen, es handele sich beim Gemeinschaftsrecht um kein Völkerrecht sondern um eine eigenständige Rechtsordnung.[279] Begründung findet man darin, dass nicht unbedingt aus der vertraglichen Entstehungsgrundlage der Gemeinschaftsordnung auf den vertraglich obligatorischen Inhalt der Ordnung selbst zu schließen ist. Entscheidend sei vielmehr die sich aus dem Gesamtzusammenhang der Gemeinschaftsverträge ergebende Struktur, die erhebliche Unterschiede zu anderen völkerrechtlichen Verträgen ausweise. Daraus folge, dass es sich beim Gemeinschaftsrecht als ein Recht mit Doppelcharakter handele, zum einen als eine Norm mit vertragsrechtlichen Charakter, andererseits als eine Norm mit verfassungsrechtlichem Charakter, dem allerdings nicht Staatscharakter oder staatsartigen Charakter zukomme[280]

Dennoch hat sich die Eigenständigkeit des Gemeinschaftsrechts in der Rechtsprechung des EuGH durchgesetzt.

Auch gefährdet die Betrachtungsweise nicht die Funktionsfähigkeit der Gemeinschaften, denn das Gemeinschaftsrecht kann sowohl durch Transformation[281] als auch durch Vollzug[282] umgesetzt werden und so im innerstaatlichen Rechtsraum dem Gemeinschaftsrecht Geltung und somit höchstmöglichen verfassungsrechtlichen Rang verschaffen. Die Einordnung des Gemeinschaftsrechts als Völkerrecht wird auch durch die in anderen Bereichen erwiesene Dynamik des Gemeinschaftsrechts verdeutlicht und entspricht auch dem Verständnis der Mitgliedsstaaten.

Insoweit ist die Betonung der völkerrechtlichen Grundlage des Gemeinschaftsrechts für das Grundverhältnis der Gemeinschaft zu ihren Mitgliedsstaaten von Bedeutung. Als "Herren der Verträge" und das Gebot, die Regelungen in den EG-Verträgen völkerrechtlich zu interpretieren ist es so einem Mitgliedsstaat nicht möglich, sich zur Rechtfertigung einer Vertragsverletzung vor dem EuGH auf den völkerrechtlichen Grundsatz zu berufen.

---

[279] Schweitzer, Terminologie
[280] so Streinz, Europarecht
[281] Transformationslehre
[282] Vollzugslehre

§ 11 Beschlussfassung von GASP Aktionen

GASP-Beschlüsse, im deutschen Wortlaut - Beschlüsse der **G**emeinsamen **A**ußen- und **S**icherheits**p**olitik, sind Maßnahmen des Rates der Europäischen Union.

Nachdem der europäischer Rat, in dem die Staats- und Regierungschefs der Mitgliedsstaaten vertreten sind, gemeinsame Standpunkte erarbeitet hat und gegebenenfalls Maßnahmen nach Art. 301 EGV oder Art. 60 EGV zu ergreifen sind, wird dieser alles Grundlegende und hierfür Notwendige in die Wege leiten.

Aktionen aufgrund der GASP können nur einstimmig vom Rat gefasst werden, die Stimmenthaltung von anwesenden oder vertretenen Mitgliedern steht dem Zustandekommen der Beschlüsse nicht im Wege Art. 23 Abs. 1 EUV.

Der betreffende Mitgliedstaat, die betreffenden Mitgliedstaaten, die sich bei der Beschlussfassung ihrer Stimme enthalten haben, akzeptiert den gefassten Beschluss und die sich hieraus ergebenden Maßnahmen, wobei der Beschluss für die entsprechende Partei keine unmittelbare Bindungswirkung entfaltet. Dennoch ist die betreffende Partei verpflichtet, alles, was dem Beschluss der Union zuwiderlaufen, oder behindern könnte zu unterlassen.

Maßnahmen und Aktionen, des Rates der Europäischen Union, die im Zusammenhang mit der gemeinsamen Außen-und Sicherheitspolitik in Verbindung stehen, gehen hauptsächlich auf die Politiken des Politischen und Sicherheitspolitischen Komitees zurück.

Vergleichbar mit der Ausarbeitung sicherheitsrelevanter Fragen bei den Vereinten Nationen, die hierfür ihren Sicherheitsrat unterhalten, ist das Politische und Sicherheitspolitische Komitee auch für die Überwachung der Durchführung gemeinsamer Politiken zuständig, Art. 25EUV. Rechtsgrundlage hierfür ist der Vertrag über die Europäische Union vom 7. Februar 1992, ursprünglich bekannt als Maastrichter Vertrag.

§ 12 Flugembargo

Beispiel eines Flugembargos i.R. des Bosnienkonfliktes

Flugembargos sind sehr selten angewandte Mittel gegen einen Staat. Sie bedeuten einen schweren Eingriff in die Rechte des Luftverkehrs. Ebenso tangiert ein Flugembargo die Freiheitsrechte all jener, die sich mit Hilfe eines Luftfahrzeugs, sowohl innerhalb als auch außerhalb territorialer Grenzen, bewegen wollen. Daher werden Flugembargos selten praktiziert, aber sind dennoch nicht außergewöhnlich. Zum Beispiel während der Jugoslawien-Konfliktes.

Als einen der wesentlichsten Gründe dieser Sanktionsmaßnahme ist aber wohl zu sehen, dass zum einen der Luftraum über dem Gebiet, speziell für die Lieferung von medizinischen Einrichtungen und die Versendung humanitärer Hilfe nach Sarajevo und anderen Zielen in Bosnien und Herzegowina frei gehalten werden sollte. Darüber hinaus diente die Umsetzung der Resolution natürlich auch der Errichtung einer Sicherheitszone um Sarajevo und seinen Flughafen. Mit der Resolution natürlich auch beabsichtigt, war die vollständige Kontrolle des Luftraums in Ex-Jugoslawien durch die Friedenstruppen der UN.

Eine weitere Resolution des UN-Sicherheitsrates mit Nr. 781 (1992)[283] betraf sodann das Flugverbot für jegliche militärische Luftfahrzeuge, soweit diese nicht den Truppen der UNPROFOR[284] angehörten oder mit der Lieferung und Verbringung von Personen, Gütern nach Bosnien und Herzegowina oder heraus im Rahmen humanitärer Hilfe zu tun haben.[285]

Ein weiteres Flugembargo, das durch die Medien getragen wurde, war das unilateral, von den Vereinigten Staaten von Amerika und Großbritannien eingerichtete Flugembargo zum "Schutz" der Kurden im Norden und der Schiiten im Süden Iraks nach dem Golfkrieg 1991. Entsprechend den Ausführungen der Vereinigten Staaten von Amerika verböten die Sanktionen gegen den Irak internationale Flüge aus und in das Land.

Dieses Flugembargo, das einseitig von den USA und Großbritannien gegen den Irak verhängt wurde, war im Nachhinein sehr umstritten, ob diese Handlung völkerrechtmäßig einwandfrei war, da die Errichtung der Flugverbotszonen auch humanitäre Hilfslieferungen nicht zu ließen[286] Nach 10 Jahren Flugembargo wurden, ohne Einverständnis der USA und Großbritanniens, wieder Flüge in den Irak und auch heraus vorgenommen, sodass das Embargo bald kollabierte.

§ 13 Transport von sanktionierten Personen (Problemaufriss)

GASP-Beschlüsse oder UNSCRs entfalten unmittelbares Recht gegen die Beteiligten auf der einen Seite und den Betroffenen auf der anderen Seite. Von derartigen Beschlüssen erfasste Personen, hinsichtlich derer Reisefreiheit, haben mitunter nicht nur das Problem der Ausreise oder Einreise verweigert zu werden, im Gleichgang bedeutet dies auch Achtsamkeit des mit dem Transport dieser beauftragten Unternehmers, wie z.B. im Luftverkehr durch eine AIRLINE.

Bei der Beförderung von Personen in einen EU-Staat, in dem die Einreise der Betroffenen verweigert wird, ist der Beförderungsunternehmer verpflichtet den Rücktransport in den Drittstaat, der das Grenzübertrittpapier ausgestellt hat, oder in jeden anderen Drittstaat, in

---

283   UNSCR 757 (1992)
284   Blauhelme, Soldaten der Vereinten Nationen
285   Ausflug von 55.000 Bosniern
286   Damit wohl auch die Grundlage eines solchen Beschlusses völkerrechtswidrig

dem seine Zulassung gewährleistet ist, zu befördern oder für seinen Rücktransport dorthin zu sorgen. Art. 26 Abs. 1 Bst. a, RL 2001/51/EG[287]

Im weiteren hat der Beförderungsunternehmer die Pflicht, alle erforderlichen Maßnahmen zu treffen, um sich zu vergewissern, dass er auf dem Luft-oder Seeweg beförderte Drittausländer über die für die Einreise in das Hoheitsgebiet der Vertragsparteien erforderlichen Dokumente verfügt. (Abs.1 Bst. b)

Dem ist also so zu folgen, dass der Luftverkehrsunternehmer die sanktionierte Person, soweit sich diese in das Gebiet, in dem ihr die Einreise zu verweigern ist (Mitgliedsstaat der EU, Gemeinschaftsgebiet, nach GASP Beschluss, oder anderer Staat nach UNSCR) noch nicht einmal an Bord seines Luftfahrzeuges nehmen wird. (Im Normalfall darf er die Person befördern, läuft aber Gefahr, dass er diese, bei der Einreiseverweigerung wieder in den Ursprungsstaat oder ihm Einreise gewährenden Drittstaat, zurück transportieren muss oder für den Rücktransport zu sorgen hat.)

Darüber hinaus wird ein Luftverkehrsunternehmen schon aufgrund seiner wirtschaftlichen und besonderen Stellung[288] von dem Beförderungsverweigerungsrecht Gebrauch machen, wenn er es als erwiesen ansieht, dass von der Person, eine Gefahr für die Flugzeugsicherheit ausgeht oder wenn es sich einem Verstoß gegen die Vorschriften eines oder mehrerer Staaten, mit denen eine direkte Verbindung zu diesem Flug besteht, ausgesetzt sehen wird[289]

§ 14 Beihilfe im Sanktionsrecht

Beihilfe ist jede Handlung, die geeignet ist, die Haupttat zu fördern.[290] Die Haupttat ist in dem zugrunde gelegten Sachverhalt, die durch die UNSCR sowie GASP-Beschlüsse sanktionierten Versuche der Erzeugung kernwaffenfähigen Materials sowie sonstige nukleare Tätigkeiten. (Absatz 1 des GASP-Beschlusses 2007/140 GASP des Rates).

Die Hilfe zur Vollbringung der Haupttat kann durch aktive Hilfeleistung, wie zum Beispiel die Mitarbeit oder die Lieferung der für die Vollendung der Haupttat notwendigen Materialien erfolgen (physische Beihilfe) oder aber auch durch indirekte Beihilfe wie motivierendes Bestärken.

Hierbei ist es nicht wichtig, ob Haupttäter und Teilnehmer sich kennen und ob ein gemein-

---

[287] Abl. L 187 v. 10.07.2001 S. 45
[288] als Aufsichtführender Unternehmer
[289] AGB JAL Pkt.9 Abs.(A) Uabs. (1) Uabs. (2)
[290] Alpmann-Schmidt, Grundlagen Strafrecht S. 118

samer Tatplan vorliegt.[291]. Strittig bei der Beurteilung des Aspektes der Beihilfe ist allerdings, wie die Beihilfe die Haupttat fördern muss. Demnach muss für den hiesigen Sachverhalt konkret hinterfragt werden, ob eine Personenbeförderung der sanktionierten Personen mit dem Luftfahrzeug des mitgliedsstaatlichen Unternehmers tatsächlich eine Hilfeleistung zu deren Haupttat darstellt.

Entsprechend der "conditio sine qua non" Theorie muss die Gehilfenhandlung für den Erfolg der Haupttat nicht unbedingt sein. Die Handlung muss nur genügen, die Chancen für die Vollendung der Haupttat zu erhöhen, d.h. Die Begehung der Haupttat muss durch die Handlung erleichternd, intensivierend oder sichernd fortgewirkt haben. Nach der Rechtsprechung (im deutschen Strafrecht) muss der Gehilfenbeitrag sich noch nicht einmal auf den Haupttaterfolg auswirken, es genügt lediglich eine Förderung des Täters hinsichtlich seiner Handlung oder seines Handlungsentschlusses.

Ein Einsatz der Luftfahrzeuge, für Zwecke, die jeder Person oder Personengruppe die unter "target sanctions" steht dienlich sein können, hierzu würde auch der regelmäßiger Transport dienen, der die betreffenden Personen der Vollendung ihrer Arbeit näher bringen kann, wäre demnach eine Beihilfe zur Umgehung der UNSCR und GASP.

§ 15 Gefährdungseinstufung der UNSCR 1737

Inwieweit eine Gefährdung des Weltfriedens oder der internationalen Sicherheit durch die Forschung auf dem Gebiet der Nuklearenergie des Staates gegeben ist, bleibt in der UNSCR außer Erläuterung. Desweiteren sind auch mittlerweile mit Indien und Pakistan zwei weitere Atommächte[292]entstanden.

Darüber hinaus ist es bis dato noch nicht erwiesen, ob die Tätigkeit der von dem Staat eingesetzten Personen und Personenvereinigungen, sowie auch Firmen nicht für zivile Zwecke dient.

In der Einführung wurde eine kleine Übersicht über die Rohstoffreserven des Landes gegeben. Das Land verfügt mehr oder weniger nur über Erdöl und Erdgas als wichtigen Rohstoff zur Energiegewinnung, wobei es darauf angewiesen ist, dies im Zuge für benötigte Importwaren außer Landes zu geben. Dem Staat stehen diese Rohstoffe daher nur begrenzt zur Verfügung.

Eine alternative Technologie die die Energieversorgung in dem Lande sichert wäre daher

---

[291] Alpmann-Brockhaus
[292] jene Staaten, die Atomwaffen zur Verfügung haben, bislang USA, Russland, neu hinzugekommen sind Pakistan, Indien

auch aus humanitärer Sicht gerechtfertigt.

§ 16 der Arbeitnehmerbegriff in der EU

Innerhalb der Europäischen Union ist jedoch ein einheitlicher Begriff für den Arbeitnehmer noch nicht entstanden, hier hängt dieser vielmehr von den arbeitsrechtlichen Regelungen und dem jeweiligen nationalem Recht ab.[293]

Der EUGH sieht als Arbeitnehmer eine Person an, die für einen anderen, nach dessen Weisungen und für eine bestimmte Zeit, Leistungen erbringt und hierfür als Gegenleistung eine Vergütung erhält[294]

§ 16 a Darstellung der Berufe:

Luftfahrzeugführer, in dem Umfang der dem Sachverhalt zugrunde gelegten Fluggesellschaft, als Verkehrsluftfahrzeugführer tätig unterliegen einer Ausbildung, in Deutschland durchgeführt von der Fachschule für Luftfahrzeugführer oder der Lufthansa Fligt Training, und erreichen mit Abschluss dieser Ausbildung (Prüfung erfolgt durch das Luftfahrtbundesamt) die Befähigung zum Führen von Luftfahrzeugen. Diese Lizenzen[295] unterscheiden sich hinsichtlich ihrer Befähigungen, ein Verkehrsluftfahrzeugführer hat die Befähigung zum Führen eines kommerziellen Verkehrsluftfahrt-Passagier- und Frachtflugzeug. Dabei kann er sowohl als verantwortlicher Pilot als auch als CO-Pilot eingesetzt werden. Tätigkeitsschwerpunkte ist das Bedienen und Überwachen der zahlreichen computergestützten Bordinstrumente aber auch ablauforganisierte Arbeiten(Flugplan erstellen etc.).

Das Kabinenpersonal, bestehend aus Flugbegleiterinnen/Flugbegleiter dient vor allem der Kontrolle und Aufsicht über die Einhaltung der Ordnungsvorschriften an Bord eines Flugzeuges, nebenher jedoch auch das Servieren von Speisen und Getränken. Besondere Bedeutung kommt dieser Berufsgruppe im Notfall zu, da sie die Ansprechpersonen bei der Leistung von erster Hilfe oder Evakuierung des Flugzeuges sind.

§ 17 Code-Sharing und Wet-Lease sowie bilaterale Verträge

Code-Sharing Verträge finden nicht nur ihre Anwendung im Luftverkehr. Verträge, in denen man zum Airline-Ticket noch ein Bahn-Ticket erhält sind ebenso auf Grundlage eines Code-Sharings zwischen der Airline und der Bahn entstanden.

---

[293]   Langenbucher/Neumann S. 34 §7 Rn16
[294]   EuGH v. 3.7.1986 Rs 66/85
[295]   Berechtigungen für die Flugstreckendurchführung und Lande-und Starterlaubnisse

Vertraglich gesehen schließt der Kunde, in der zivilen Personenbeförderung der Passagier, nur einen Vertrag, den mit der Airline, wohingegen er sich verschiedenen Ausführungspartnern gegenüber sieht. Zum kann dies der Auftragnehmer sein und ein weiteres ausführendes Unternehmen, es können aber auch noch weitere Unternehmen dieser Kette angeschlossen sein.

Ein Beispiel soll dies verdeutlichen.

Die unserem Sachverhalt zugrunde gelegte Fluggesellschaft verkauft in Deutschland einem Reisebegehrenden ein Flugticket in den Heimatstaat der Airline. Zu diesem Flugticket erhält der Kunde, im Preis inbegriffen, ein Bahnticket von Ort X zu dem Flughafen. Die Gebäckabfertigung am Flughafen wird wiederum von einem anderen Unternehmen Übernommen und letztendlich wird der Flug nicht von dem ersteren Unternehmen durchgeführt sonder, da er nicht über ein für diese Strecke geeignetes Luftfahrzeug verfügt, von einem wiederum anderen Unternehmen. Der Kunde geht somit nur eine vertragliche Bindung ein, sieht sich aber drei anderen Gesellschaften gegenüber, zum ersten der Bahn, dann der Airportservicegesellschaft und letztlich dem Flug Durchführenden. Trägt er während der Leistungserbringung eines jeden Unternehmers, jedes Mal Schaden davon, kann er sich nur an seinen Vertragspartner halten, für dessen Gesellschaft er das Ticket gebucht hat.

Jedoch muss der Kunde einen viel längeren Bearbeitungszeitraum für einen Schaden hinnehmen, da der Vertragspartner zunächst an seine Code-Sharing Partner herantreten wird.

Ein weiterer wichtiger und nicht zuletzt zu vernachlässigender Punkt ist die Sicherheit des Passagiers. Meist ist der Kunde beim Code-Sharing schlechter gestellt, als bei Ausführung der Beförderungsleistung durch den Hauptauftragnehmer, zumal wenn man einen Flug bei einer renommierten Gesellschaft bucht und eine Gegenleistung eines Billigfliegers erhält. Zwar bemüht man sich einen gewissen Mindeststandard zu gewährleisten und diesem dem Passagier auch zugute kommen lassen, aber dennoch wird die Frage aufgeworfen, was ist, wenn die Beförderung durch eine Gesellschaft erfolgt, die eine schlechtere Unfallbilanz aufweist und der Kunde speziell eine bessere Airline gebucht hat, um unnötige Risiken zu vermeiden.[296]

§ 18 Betriebsgenehmigung für ein Luftfahrzeug (im Lease-Vertrag)

Eine Betriebsgenehmigung erhält ein in der Gemeinschaft ansässiges Unternehmen unter anderem nur, wenn es über ein oder mehrere Luftfahrzeuge verfügt, die in seinem Eigen-

---

[296] Unglück v. 20.08.2008 der Spainair, Vertragsflug der Lufthansa, ausgeführt durch Spainair als Code-Sharing Flug

tum stehen oder für die es eine Dry-Lease Vereinbarung geschlossen hat. Art. 4 Bst. c VO(EG)1008/2008

Im Weiteren bedarf der Betrieb eines in einem Drittland eingetragenen und im Rahmen eines Wet-Lease Vertrages durch einen Unternehmer an einen Luftfahrtunternehmer der Gemeinschaft vermieteten Luftfahrzeugs der Genehmigung durch die zuständige Genehmigungsbehörde Art 13 Abs. 3 der Verordnung.

Weitere Regelungen finden sich in folgenden Buchstaben des Artikels wieder, insbesondere das Verhältnis der Wet-Lease Verträge im Rahmen saisonaler Bedürfnisse der Airlines.

Der Betrieb eines wet-geleasten Flugzeuges erfolgt unter dem Luftverkehrsbetreiberzeugnis des Vermieters. Den Vorteil gegenüber dem Dry-Leasing hat das Wet-Leasing, in der einfacheren Verwendung anderer Flugzeugtypen (Akzessorietät des Personals im Hinblick auf Flugzeugtyp und Eintragungsstaat des Luftfahrzeugs) und in betriebswirtschaftlichen und organisatorischen Gegebenheiten.

Die Grundidee des Leasings besteht in der Trennung von rechtlichem Eigentum und wirtschaftlicher Nutzung eines Gutes. Wirtschaftlich betrachtet liegt dieser Aufteilung das Interesse einer Fluggesellschaft zugrunde, eine Investition zu tätigen, ohne das mit einem Kauf verbundene Kapital aufbringen zu müssen. Gründe für Wet-Lease Verträge können aber auch politische Ursachen haben. So nutzte beispielsweise eine ägyptische Airline, der es verboten unter ihrem Namen Israel anzufliegen, einen Wet-Lease Vertrag mit einer anderen Airline, für diese nach Israel zu fliegen. (es könnte auch ein Code-Sharing vorgelegen haben, eine nähere Betrachtung soll in diesen Buchwerks ausbleiben)

Anhang II.

(Musterabbildungen)

Anlagen

4.1 Organigramm der Austrian Airlines

Bezugsquelle: österreichischer Rechnungshof

Organigramm

Die Konzernstruktur mit ausgewählten, für die Gebarungsüberprüfung durch den RH wesentlichen Beteiligungen des Konzerns Ende des Jahres 2005 stellte sich wie folgt dar:

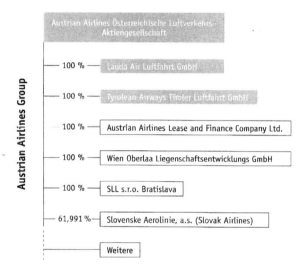

Unternehmenspolitik und wirtschaftliche Entwicklung

Ausgangslage und Rahmenbedingungen

Die AUA beteiligte sich nach einer Restrukturierung ab 1993 im Jahr 1994 bei Tyrolean und im Jahr 1997 bei der Lauda Air, um den österreichischen Markt zu konsolidieren und die Stärken der einzelnen Marken zu nutzen. Mit Stand 1999 erreichten die durch die Beteiligungen erzielten Synergien ein Ausmaß von 74,93 Mill. EUR; die Summe der mit der Restrukturierung verbundenen Kosteneinsparungen betrug 59,59 Mill. EUR.

4.2   Luftfahrzeugregisterauszug

Bezugsquelle: Bundesluftfahrtamt Österreich

ÖNfL 42/2009

Auszug aus dem Luftfahrzeugregister der Republik Österreich
Nachtrag für den Monat Oktober 2009

Kenn-zeichen OE-	Ord-nungs-zahl	Hersteller Herstellerbezeichnung Seriennummer	Höchst-abflug-masse kg	Halter
	**Eintragungen**
ADC	4395	Diamond Aircraft Industries Inc. DA20-C1 C0543	750	Diamond Aero Srl IT-00138 Rom, Via Salaria 825 - Italien
APE	4392	Piper Aircraft Corp. PA-18-150 18-7736	794	Flugsportklub Sturmvogel Wiener Neustadt 2700 Wiener Neustadt, Flugfeldgürtel 5 - Österreich
ATC	4390	Costruzioni Aeronautiche TECNAM S.r.l. P92-JS 046	550	Fliegerclub Freistadt 4264 Grünbach, Grünbach 80 - Österreich
CDC	4396	Diamond Aircraft Industries Inc. DA20-C1 C0535	750	Diamond Aero Srl IT-00138 Rom, Via Salaria 825 - Italien
CLL	4394	Pale RV-9 91363	794	Pale Alfred 6533 Fiss, Leiteweg 10 - Österreich
DSF	4391	Mooney Aircraft Inc. M 20 J 24-3349	1.243	Sportfliegerclub Salzkammergut 4816 Gschwandt, In der Straß 18 - Österreich
FMF	4393	Diamond Aircraft Industries GmbH DA 42 M-NG 42.MN002	1.900	Diamond Airborne Sensing GmbH 2700 Wiener Neustadt, Ferdinand Graf von Zeppelin-Straße 1 - Österreich
GJM	4385	Cessna Aircraft Company 680 680-0282	13.743	JETALLIANCE Flugbetriebs GmbH 2542 Kottingbrunn, Flugplatz 1 - Österreich
GMZ	4386	Cessna Aircraft Company 525B 525B-0318	6.291	JETALLIANCE Flugbetriebs GmbH 2542 Kottingbrunn, Flugplatz 1 - Österreich
IEX	4388	DASSAULT AVIATION Falcon 900EX 111	22.226	International Jet Management GmbH 2320 Wien-Schwechat, Concorde Business Park 2/F14 - Österreich
IMI	4387	DASSAULT AVIATION Falcon 900EX 087	22.226	MAGNA Air Luftfahrtgesellschaft m.b.H. 2522 Oberwaltersdorf, Magna-Straße 1 - Österreich
IVA	4398	DASSAULT AVIATION Falcon 7X 042	31.751	JETALLIANCE Flugbetriebs GmbH 2542 Kottingbrunn, Flugplatz 1 - Österreich
KWF	4384	Avions Pierre Robin R2160 318	900	Feuerstein Walter 6850 Dornbirn, Bergstraße 40/9 - Österreich

391 Nachträge 35

To: Austro Control / Department LSA
Fax: +43 5 1703 76

Ref: Request for Approval of Scheduled Flights

Aircraft and Operator Information

Aircraft Operator / Airline	Aircraft Type(s):
Address	Flight Period (from – until):

Schedule(s)

Flight Number		Days of Operation	
Route			

Flight Number		Days of Operation	
Route			

Contact

Contact Person		Phone	
Signature		Fax	
AFTN		E-Mail	

Documents

Please be sure to attach ALL of the following documents to your application. Approval can not be given until these documents have been presented to Austro Control:

☐ Valid insurance certificate (min. € 65,4 million for aircraft with a MTOW exceeding 14,6 tons
☐ Aircraft Operators Certificate
☐ Certificate of Airworthiness
☐ Noise Certificate (Chapter 2 aircraft are prohibited from landing at Austrian airports)

4.3 Übersicht über Embargos Auszug

Bezugsquelle: BafA

Land	Waffenembargo	techn. Hilfe i.Z.m. Waffenembargo	interne Repression, einschl. techn. Hilfe	Finanzsanktionen (Einfrieren, Bereitstellungsverbote)	Reisebeschränkungen	Informationsaustausch, Zusammenarbeit mit Behörden	Erfüllungsverbot	Sonstiges
Armenien	X OSZE-Beschluss vom 28.02.1992							
Aserbaidschan	X OSZE-Beschluss vom 28.02.1992							
Birma (Myanmar)	X § 69l Abs. 1 und 2 AWV in Bezug auf Güter des Teils I Abschnitt A der Ausfuhrliste (Umsetzung des Gemeinsamen Standpunktes 2006/318/GASP, idF 2009/351/GASP)	X Art. 7 Abs. 1 Verordnung (EG) Nr. 194/2008, zuletzt geändert durch Verordnung (EG) Nr. 353/2009	X Art. 4 Abs.1, 7 Abs.2 Verordnung (EG) Nr. 194/2008 i.V.m. Anhang II, zuletzt geändert durch Verordnung (EG) Nr. 353/2009	X Art. 7 Abs.1 Verordnung (EG) Nr. 194/2008, geändert durch Verordnung (EG) Nr. 385/2008, iVm. militärischen Aktivitäten Art. 7 Abs.2 b) Verordnung i.V.m. Anhang II – Güter zur internen Repr. (EG) Nr. 194/2008 Art. 7 Abs.3 i.V.m. Anhang V Verordnung (EG) Nr. 194/2008 (bzgl. Unternehmen in Holzindustrie, Edelsteine) Art. 11 Verordnung (EG)	X Art. 4 2006/318/GASP, idF des Gemeinsamen Standpunktes 2007/750/GASP, zuletzt geändert durch 2009/351/GASP	X Art. 17 Verordnung (EG) Nr. 194/2008, geändert durch Verordnung (EG) Nr. 385/2008	X Art. 2 i.V.m. Anhang I der Verordnung (EG) Nr. 194/2008	X Einfuhrverbot für Güter Art. 2 i.V.m. Anhang I der Verordnung (EG) Nr. 194/2008 (Rundholz, Edelsteine) Beschränkungen: Art. 5 i.V.m. Anhang III Verordnung (EG) Nr. 194/2008 (Unternehmen in Holzverarb., Kohle etc.) Beschränkungen bzgl. technischer Hilfe Art. 8 i.V.m. Anhang III Investitionsverbot. Art. 15 der Verordnung (EG) Nr. 194/2008 i.V.m. Anhang VII, geändert durch Verordnung (EG)

[1] Diese Übersicht berücksichtigt nicht die personenbezogenen Embargos zur Bekämpfung des internationalen Terrorismus (Erläuterungen hierzu: s. Merkblatt des BAFA unter: www.ausfuhrkontrolle.info/publikationen/merkblaetter/merkblatt_ebt.pdf).

[2] Die Aufstellung berücksichtigt auch nicht die EG-Verordnungen, durch die lediglich eine Änderung der zuständigen Behörden der Mitgliedstaaten erfolgt.

Land	Waffenembargo	techn. Hilfe i.Z.m. Waffenembargo	interne Repression, einschl. techn. Hilfe	Finanzsanktionen (Einfrieren, Bereitstellungsverbote)	Reisebeschränkungen	Informationsaustausch, Zusammenarbeit mit Behörden	Erfüllungsverbot	Sonstiges
Haiti							X Verordnung (EG) Nr. 1264/94	*Embargo aufgehoben – Bestehen eines Erfüllungsverbotes*
Irak	X § 69e Abs. 1 AWV in Bezug auf Güter des Teils I Abschnitt A der Ausfuhrliste (Umsetzung des Gemeinsamen Standpunktes 2003/495/GASP, geändert durch 2004/553/GASP)			X Art. 4 Verordnung (EG) Nr. 1210/2003 i.V.m. Anhang III, IV Art. 4 wurde geändert durch Verordnung (EG) Nr. 1799/2003 (berichtigt mit Bekanntmachung in EU-ABl. L 180 v. 04.07.2006) weitere Änderungen der Verordnung (EG) Nr. 1210/2003 durch Verordnung (EG) Nr. 2119/2003, 924/2004, 979/2004, 1086/2004, 1412/2004, 1087/2005, 1286/2005, 785/2006	X Art. 7, 8 Verordnung (EG) Nr. 1210/2003, idF Verordnung (EG) Nr. 195/2008	Verordnung (EG) Nr. 3541/92	X Beschränkungen für Kulturgüter - Art. 3 i.V.m. Anhang II Immunität irakischen Erdöls, irakischer Erdölprodukte sowie irakischen Erdgases vor Pfandrechten usw., Übertragung eingefrorener Gelder und Erlösen aus Verkäufen irakischen Erdöls an den Entwicklungsfonds - Art. 2 i.V.m. Anhang I Verordnung (EG) Nr. 1210/2003, idF Verordnung (EG) Nr. 175/2009
Iran[4]	X § 69o Abs. 1, 2, 4 AWV in Bezug auf Güter des Teils I Abschnitt A der Ausfuhrliste (Umsetzung des Gemeinsamen Standpunktes 2007/140/GASP, geändert durch 2007/246/GASP)	X Art. 5 Abs. 1 Buchstabe a der Verordnung (EG) Nr. 423/2007 i.d.F. der Verordnung (EG) Nr. 618/2007		X Art. 7 Abs. 1 und 2 Verordnung (EG) Nr. 423/2007 i.V.m. Anhang IV und V, Anhang IV geändert durch Verordnung (EG) Nr. 219/2008, Anhang V geändert durch Ratsbeschluss 2008/475/GASP	X 2007/140/GASP, Art. 4 i.V.m. Anhang I und II, Anhang I und II zuletzt geändert durch Gemeinsamen Standpunkt 2008/652/GASP	X Art. 13 der Verordnung (EG) Nr. 423/2007	Verordnung (EG) Nr. 1110/2008	X Verbote und Genehmigungspflichten für bestimmte Dual-use-Güter - Art. 2, 3, 4 und 5 i.V.m. Anhang I, IA und II der Verordnung (EG) Nr. 423/2007, idF der Verordnung (EG) Nr. 1110/2008 Investitionsverbot in Unternehmen im Iran, die in der Herstel-

[4] Weitere Informationen zum Außenwirtschaftsverkehr mit dem Iran, insbesondere unter Berücksichtigung der Verordnung (EG) Nr. 1110/2008, finden Sie im BAFA-Merkblatt zu Iran unter: http://www.ausfuhrkontrolle.info/ausfuhrkontrolle/de/arbeitshilfen/merkblaetter/merkblatt_iran.pdf .

4.4 Beispiel einer Versicherungsdeckungsbestätigung

Quelle: AUSTRO CONTROL

Certificate of Insurance

We ....herewith certify that

        Name and address of insurance company

        for ....**a third party liability insurance**Name of air carrier

to cover bodily injury and damage to property arising during the operation of the aircraft

....

        Type, serial number, registration and maximum take-off mass (MTOM)

The insurance sum per aircraft and occurrence of damage, in compliance with the Regulation EC No 785/2004 of 21 April 2004.

is...SDR.

The insurance coverage is valid from.......................................to.......................................

For Information:

In respect of liability for third parties, the minimum insurance cover per accident, for each and every aircraft, shall be:

Categorie MTOM (kg) Minimum insurance (million SDRs)

1 < 500 0,75 2 < 1 000 1,5 3 < 2 700 3 4 < 6 000 7 5 < 12 000 18 6 < 25 000 80 7 < 50 000 150 8   < 200 000 300 9   < 500 000 500 10 ≥ 500 000 700

Insurance in respect of liability for passengers, baggage and cargo

The insurance coverage pursuant to the Regulation (EC) No 785/2004 and Luftfahrtgesetz LFG §156- §168 is as follows:

- **250.000 special drawing rights** per passenger for bodily injury
- **4.150 special drawing rights** per passenger for delayed carriage of passengers
- **1.000 special drawing rights** per passenger for damage to baggage and delayed carriage of baggage
- **17 special drawing rights** per kilogram for damage to cargo

The insurance coverage is valid from.......................... to ....

We declare that we are licensed to act as an aircraft insurer in .... Country

....

....
Date of issue   Signature
and stamp of the insurance company or   the lead insurance company

Autorenvita

Der Autor wurde 1970 in Sonneberg geboren. Nach seinem Schulabschluss und im Einklang mit dem damals bestehenden gesellschaftlichen System wurde er veranlasst zunächst eine Lehre in einem Handwerksbetrieb aufzunehmen um so am elterlichen Hausbau mithelfen zu können.

Zunächst bekundete er sein Interesse naturwissenschaftlichen Themen und begann ein Studium in der Bautechnik. Doch sehr bald sah er, dass hinter jeder Handlung ein juristischer Vorgang steckt. Im Einklang mit seiner Erfahrung, die er schon in jungen Jahren als Niederlassungsleiter sammeln konnte begann er sich für diesen Bereich zu interessieren, was ihn sodann auch veranlasste Wirtschaftsrecht zu studieren.

Nach seiner Tätigkeit für verschiedene kleinere Firmen, v. a. Handwerksfirmen, zog es ihn dann in die Welt wo er u.a. in Österreich arbeitete und letztlich im Rechtswesen eines deutschen Inhaberunternehmens in Bulgarien. Während dieser Zeit konnte er sich auch die bulgarische Sprache aneignen und seine englische Sprache weiter praktizieren, denn seine Tätigkeit erforderte viel mündliche und fernschriftliche Kommunikation mit nationalen aber auch internationalen Personen.

Die wirtschaftlichen Vorgänge in der dieser eingebunden war, verbunden mit den juristischen Sachverhalten ergaben sodann eine Weiterführung seiner Diplomschrift und legen den Grundstein für sein erstes Buchprojekt EMBARGORECHT.

Heute arbeitet der Autor als selbständiger Wirtschaftsjurist und Mediator. Er vertritt Firmen vor den internationalen Schiedsgerichten und hält Seminare im Embargorecht ab.